逐梦前行

——中学教育管理之实践

余恒真 著

吉林文史出版社

图书在版编目（CIP）数据

逐梦前行 ：中学教育管理之实践 / 余恒真著. --
长春 ：吉林文史出版社，2023.9
ISBN 978-7-5472-9828-2

Ⅰ．①逐… Ⅱ．①余… Ⅲ．①中学－校长－学校管理
－研究 Ⅳ．①G637.1

中国国家版本馆 CIP 数据核字（2023）第 193507 号

逐梦前行——中学教育管理之实践
ZHU MENG QIAN XING ZHONGXUE JIAOYU GUANLIZHISHIJIAN

出 版 人　张　强
著　 者　余恒真
责任编辑　张雪霜
装帧设计　南京远东书局
出版发行　吉林文史出版社
地　 址　长春市净月区福祉大路 5788 号
印　 刷　廊坊市旭日源印务有限公司
开　 本　880mm×1230mm　32 开
印　 张　7
字　 数　176 千
版　 次　2023 年 9 月第 1 版
印　 次　2023 年 9 月第 1 次印刷
书　 号　ISBN 978-7-5472-9828-2
定　 价　58.00 元

序言

——为《逐梦前行——中学教育管理之实践》付梓而作

◎ 李石村

我知晓恒真同志是 2021 年在《郴州日报》的教育版，看到了一篇关于他的事迹报道《爱赋学子：用爱照亮学子求学路》，此文记叙了他在长村中学任职期间关爱一位特困女学生的事例，他资助该生生活费、学杂费有 9 年时间，一直没有间断，总数达 4 万多元，感人至深，令人敬佩。

这之后是一次会议上相识恒真同志，短时的交谈，让我认识了一位理念厚重、朴实智慧的学校管理者。难怪他能从普通教师迅速成长为宜章六中这所完全中学的党总支书记，一路走来，期间有他点滴爱心成就孩子的感人光环，更有他执着奉献耕耘教坛的丰硕成果。他的新作《逐梦前行——中学教育管理之实践》即将出版。拜读此著，受益匪浅。

恒真同志是从莽山北麓庂仄山径走出来的教育文人，巍峨的群峰与嶙峋的峻崖铸造了他坚石般的筋骨和清泉般的灵魂。他自幼便编织着一个美丽的梦，长大要做一名教师。中学毕业，他毅然考入了师范院校，学业完结后便满怀激情与希冀回到乳养他的故土，做了一名乡村中学教师。他专注乡村中学教学，他常说：今生用知识的乳汁去滋养农村的子弟，让他们的思想如同山峦般青翠，如同山涧般清纯，如同山风般清丽。于是，他从一所乡中调到另一所乡中，心无旁骛地沉浸在他的教苑里，一批批乡村孩子学业有成，一篇篇教育心得结篇刊发。时至今日，一本洋洋十七万字的教育文集收官了。

当好一名教师，不易；当一名教育专家，得有教学业绩，得有管理成果，得有理论建树，更不易。恒真同志编撰了此教育专著，他做到了。该文集汇总了自己教育教学之经验，为教育同仁提供了引领学校发展，助推师生成才的范本。他成了教育的实干家和理论家。试想，一名优秀教师，尤其一名教育管理者，疲于案牍，疲于教务，疲于校务，一天下来操心操劳，够累的了。而他教育路上不驱空车，一路奔跑，一路收获，一路积淀，居然兀兀穷年，用心钻探，写成了自己的教育专著，堪令同仁敬佩。他在《现代教育的学生观》一文中道："作为教育主导者的教师，不仅要传播学生以知识和能力，更重要的是传递学生以人的情感和生命的脉动。"正是他的这种情感教育观驱动他新颖而独到地驾驭整个教育实践，从而由一名普通教师成长为拥有4900余名学生的学校党组织负责人。

办好一所学校关键在教师，他十分注重教师的素质提升。在《素质教育与教师素质》中，他明确指出一名教师"要有创新精神；要有高尚的职业道德水平；要有广博的知识和再学习的能力；要有良好的心理素质以及对学生进行心理健康教育的能力；要有组织管理活动课的能力。"他以自己的教育教学体验从多角度详尽地论证了这些命题，总结引领教师走向成功的秘诀。怪不得，在他身边的年轻教师成长迅速，参加历届各项赛事每每稳操胜券，获奖频频。

一名校长要以师为师，以师为友，以师为臂膀，任何趾高气扬、发号施令、官僚主义都将令亲者远，近者疏。在其专著的字缝间，读者亦可见诸与教师漫步林荫的身影，闻诸足履碎石溅射的和悦笑声，让你领略一位智者的宽宏博大与慈爱温润。于是一种爱便在他的专著中流淌出一泓暖人的清流。他常说，船的力在帆上，人的力在心上。他主张划动爱的木桨，助推教育之舟逐波前行。你说，有这样的"知己"掌舵，谁不甘为拼命三郎？

恒真同志一打开话匣子，便如滔滔的江河，一泻千里。他津津乐道地张扬家校共育。在他的心里，学校教育离不开家庭教育，离不开家长们的倾力配合。因为他在这方面有成功的经验，尝到了家校共育的甜头。在这个章节，可见他有自己的独特思考，也做了好多实践的探讨。他启用心理暗示法，让学生天天重复"我是一个好学生""我要努力读书"，这方法助推好多学困生向优秀生转化。而许多教师误解家访的来头，错把家访当成了向家长告子弟的"状"。无意之中越访越糟，滋生了学生的逆反心理，真的是得不偿失，令班主任工作举步维艰。

《家校共育和为贵》《家校共育期望高》《家校共育谱新篇》，他一气编缀了这些篇章，集成了经验的高塔。他曾经在担任班主任工作期间，每期家访60余次，每次记录下家访的成功与失败，编写出他以爱育爱、关怀学生的成功案例，他用自己成功的经验去影响身边的教师，感化新入门的青年教师。只有这样，也只有这样，我们的学生才能亲其师信其道，学会做事，学会生活，学会做人，才能成为祖国的栋梁之材。这正是他从事教育的初心，这金子般的初心，成就了他的大教育观。

恒真同志引领教师们把爱的种子播撒在学校的沃土里，播撒在每位学生的心田里。他主张"要坚信，每一个学生都具有潜在的发展因素，即便是最差的学生，其底蕴也总不是零。只要我们为之创造条件，提供舞台，其潜能将被最大限度地开发。"这种坚信，源于对学生的爱，而爱必定催生花蕾的缤纷绽放。

徜徉恒真同志的专著，你便如同漫步在一片神奇而美丽的海滩，又如履踏一片深邃而翠绿的茂林。那里闪烁着粒粒璀璨的教育珍珠，衍生着挺拔而勃发的青木。

　　——教师，要把职业当事业来做。

　　——教师要给予学生一个信息，说你好，并经常给予你一个鼓励，这样你就好起来了！

　　——教养是一切好习惯的总和，林林总总地囊括人们做人行事的方方面面。

　　——家庭与学校联起手来，一同垒筑后一代成长的大厦。

　　——把我们的爱心给予孩子，开拓他们智慧而辽阔的莽原。

　　——风正潮平，自当扬帆踏浪；春光美好，更须策马扬鞭！就让我们勇立教育潮头，坚韧不拔，踔力奋发，再谱教育的新章！

本书中每句言论都是一粒粒闪烁着智慧的珍珠，掩映在《逐梦前行——中学教育管理之实践》里。亲爱的读者，让我们走进作者这片教育的海滩，手掬一捧碧水，去陶冶夺目的金沙，你定能囊收教育的真谛，与恒真同志一道逐梦前行。当你读懂了"她"，并逐一实践，你这棵树便摇动了另一棵树，你这朵云便推动了另一朵云，你这个睿智的灵魂便唤醒了另一个灵魂。你的名师梦、你的专家梦便在你足下更有力量而坚定前行！

此致为序，与恒真同志、读者诸君共勉之。

2023 年 9 月于宜章

李石村：国家中语学会会员，湖南诗词学会会员，郴州作协、诗协、楹联协会会员，宜章诗协秘书长，作协会员，宜章文史委常务理事，中学语文高级教师。出版散文集《根》《山径弯弯》，参与编辑《我们这一辈》《宜章红故事》《宜章老区革命发展史》《武陵传奇故事》《道德模范谢运良》等作品。

目录

教育理论篇

校长讲坛篇

家校共育篇

师德师风篇

管理规划篇

学习成长篇

德育论文篇

附 录

教育理论篇

主体性教学对学生的发展价值

教学存在的价值就在于培养下一代，在于学生的创造与发展。教育的意义，其根本价值是要培养社会主义的创新人才，要让学生德、智、体、美、劳全面发展。因此，教学改革势在必行。

开展主体性教学，符合时代的需要。主体性教学具有鲜明的价值取向和时代性，它不仅着眼于眼前发展，而更重要的是着眼于学生的未来发展。这符合当前教育改革的要求，即面向未来，面向四个现代化，它力争把学生培养成主动适应社会需要的主体，真正使学生的身心和个性得到全面发展。同时，还对学生的道德、审美及社会交往等方面进行培养。它不是对少数学生，而是让全体学生都得到发展，使每个学生都学会学习，学会做人，学会创造，学会关心等。这是对传统教学的超越。

人的全面发展是人类不断追求的理想。自近代以来，人的全面发展就一直被教育家们作为教育教学活动的目标。中华人民共和国成立后，我国已把学生德、智、体、美、劳全面发展作为我们的教育方针，作为评定教育质量的标准，实际的教育教学活动也在朝这个目标努力，但实际效果并不尽如人意。学生的全面发展并没有真正落到实处，而一味片面地追求升学率，让学生死记硬背，死啃书本。而能力的培养、智力的开发都被抛到九霄云外。虽然德育被高度重视，但把德育的教学过程视为同智育的教学过程同一，结果也只能是道德知识的获得，学生的道德信念、道德行为、道德习惯并未得到真正改变。而主体性教学则紧紧地抓住了人全面发展的核心——主体性，在目的上构建学生全面完整的主体性，包括德、智、体、美、劳等各个方面，而不只是知识的获得。在内容和设计上也牢牢贯彻这一原则。在具体实施中，形式灵活多样，敢于对学生放手，让学生自己决定自己的事，注重学科间的横向联系，集体教学与个别辅导相结合。在学科过程中注重情境创设，陶冶了学生的性情；在活动课程中注重对知识的掌握，注重学生与教师的交往，注重学生与学生之间的交往。让学生在多种情境，不同场合下组织活动，独立完成教学任务。注重德育过程的特殊性，按德育教学的规律来实施德育过程。在内容上建构完整的课程体系，根据文化的部类构成设计课程各层次的结构。在评价上真正从德、智、体、美、劳等方面的主体性行为表现来综合检测学生的发展水平。这些措施就能使每个学生的全面发展真正落到实处。每一个学生进入学校除了达到国家的统一要求外，还应得到符合自身特点的发展。统一要求有利于学生有基本的发展水平，这是他们进入社会生活的基本保障。

另一方面，社会对人才的需求又是多种多样的，每一个学生都得到同样的发展是不可能的，但每个人都有独特的先天禀赋和后天的努力，关键是看他从哪方面去发展。当然，教师的引导也有一定的关系。由于家庭环境各异，家庭教育也各有不同，即便是同样的教育内容，教育方法，学生的发展也不可能是一样的。所以，我们要根据学生的个性特点设计和规范各种各样的教学活动，使每一个学生既达到国家的统一要求，又得到适合自身的特点的发展。

主体性教学坚持了这一原则，在教学中它把班级授课制、小组合作学习与个别辅导相结合，面向每一个学生。在具体要求上除了大纲的基本要求外，对学生分层次要求。在内容上为学生开设兴趣选修课，在活动课程中设置丰富多彩的活动，供学生根据自己的特点选择。在具体教学过程中，让学生自己动手、动脑、动眼、动口，创设情境，激发学习兴趣，等等。这些就克服了传统班级授课制的局限，发挥了集体教学的价值，充分调动了每个学生的积极性，以保证每个学生都得到符合自身特点的发展。

主体性教学既不把学生当成小大人，也不把学生当作是被动的客体，而是把学生当成是不断发展、不断成长、不断成熟的主体，承认学生有主体意识，有一定的学习能力。同时又认为学生的主体意识和主体能力需要在老师的引导和帮助下才能不断增强和发展。老师可以用多种多样的方式来激发学生的学习动机，调动学生的学习积极性，使学生在生动活泼的氛围中得到全面发展，并在生动活泼的氛围中感受到自信、感受到充实，体验到学习的乐趣，把学习当成自己的主体活动自觉地开展。

学生的发展根本上取决于自己的主体因素，只有当学生成为独立发展的主体，才能达到教学的目的。教会学生学习，不但着眼于学生眼前的具体学习过程，还应着眼于学生将来进入社会后的发展。

学会学习，不仅指掌握一定的学习方法，还包括学习兴趣的培养，学习动机的激发，学习积极性的调动。学习兴趣、学习动机、学习积极性是学习的动力，能促进学生主动地去钻研、总结和借鉴科学的学习方法，使学生学得好、学得精、愿意学，从而学会学习。

人存在的价值不仅仅是学习知识、技能，更重要的是创造世界，创造未来。人是社会的存在物，不是孤立的存在物，时时刻刻要与他人打交道，与人交往，与人和睦友好相处。这些从根本上说就是为了人自身更好地生存，更好地发展。所以，人又必须学会创造，学会交往，学会发展。主体性教学的目标和它们是一致的。

所以，主体性教学对于学生的发展起着相当重要的作用，作为教师要认真把握，充分认识到社会的需求是培养多方面人才至关重要的一点，要跟上形势的需求，教师责任艰巨而重大，我们要趁当前改革之机，努力探索，研究教育方法，为社会培养合适的人才，以适应四个现代化的需要，以适应乡村振兴的需要。

现代教育中的学生观

随着时代的发展，对未来人才的素质提出了更高的要求。这就要求我们树立新的学生观，最大限度地开发学生的潜能，把学生培养成勇于挑战和积极适应未来需要的高素质的建设者。

一、具有生命意义的学生观

传统的教育思想把学生当成可以利用的工具和容纳知识的容器，把正常的师生关系即人与人的关系扭曲了，把一个本该充满生命力的整体，变成了一个无视生命存在的物质空间。历史发展到今天，我们没有理由再加重学生的书包重量，应该把学生从学习机器，考试工具的桎梏中解放出来。应该看到，学生时代，是人生中最富生命活力，生命成长最为重要的一段时间。我们学校应该是一个直面生命、焕发学生生命活力的神圣殿堂，学校教育是努力提高学生生命价值的有意义的活动。作为教育主导者的教师，不仅要传播给学生以知识和能力，更重要的是传递给学生以人的情感和生命的脉动。

学生是人，是富于生命意义的，这是一种最基本、最朴素的，也是第一位的学生观。把学生当人来看待，真正赋予学生"人"的含义，这是历史的进步和人类文明的标志，更是知识经济时代对教育的深切呼唤。

二、具有发展意义的学生观

学校教育必须树立终身发展的学生观，以发展的眼光看待学生，帮助学生建立完整的知识结构，培养其不断探求知识的能力，为他们今后的发展奠定良好的基础。

首先，要树立潜能发展观。德国哲学与人类学家米切尔·兰德曼说："人的非特定化是一种不完善，可以说自然把尚未完成的人放到世间之中，它没有对人做出最后的限定，在一定的程度上给他留下了未确定性。"这就是说，我们的教育工作者不能把学生看死，定型化。要坚信，每一个学生都具有潜在的发展因素，即使是最差的学生，其底蕴也绝不是零。只要我为之创造条件，提供舞台，其潜能将会被最大限度地开发。

其次，要树立全面发展观。未来社会需要大量的与之相适应的具有全面素质的综合性人才，所以，我们应该确立全面发展的学生观。培养学生学会认知、学会做事、学会做人、学会发展的全面素质，既是我国社会主义现代化建设的需要，也是时代发展的必然选择。我们要在教育内容、教育方式上不断改进和探索，建立全方位、多层面、立体式、开放性的教育体制，调动一切积极因素，促使学生的多种素质得以全面、和谐、自由的发展。

三、具有社会意义的学生观

未来社会是学习化社会，是以知识经济为重要特征的社会。学生在成长过程中，受到诸多方面的影响，归根结底还是来自社会。况且，学生最终成长为社会的一员，积极投身和贡献于社会。作为有目的地培养人的社会活动的学校教育，不仅要着眼于学生适应现代社会，更重要的是放眼世界，面向未来，强化时代和社会发展意识，克服学校教育与社会发展相互隔离的缺陷，广开校门，大胆引进，有选择地吸收来自社会的各种积极因素，使学校教育赶上和超过社会发展的节拍。同时，在教育教学实践中，我们可努力创设情境，实现"学校社会化""社会教育化"。带领学生走出课堂，拓宽学习范围和活动视野，增强其社会生活体验，使之准确把握社会发展脉搏，加快个体社会化的进程。

四、具有独立意义的学生观

虽然在学校成长过程中离不开许多人的指导和帮助，但绝不应因此而剥夺其独立完整的生存权利。虽然许多学生走进同一校园，坐在同一教室，学习相同的课程，但他们绝不是人们想象中的"整齐划一"和"标准化"。具有独立意义的人，就是有个性的人。个性，是一个人在社会生活中逐渐形成的比较稳定的、本质的、独立的心理倾向和心理特征的总和。个性发展的核心是养成健全的人格，具有自主性、独立性、责任心和创造精神。素质教育的主要目的正是培养学生的健全人格，要使人的个性得到自由、和谐的发展，就必须使个性教育从素质教育的海平面突显出来。只有打破常规，不落俗套，致力于学生的个性发展，学生的思想才会迸发出智慧的火花。在教育实践中，我们要高度重视学生个性，善于发现个性，培养个性，发展个性。通过灵活的措施和策略，分类分层施教，使之"各尽其能""人尽其才"，为社会培养多种类型的创造型人才。

话说以人为本

科学是第一生产力，而教育是发展科学技术培养人才的基础，在科学技术飞速发展的当今社会，能否树立一种正确的教育理念，对深入教育改革促进科技发展，具有不可或缺的决定作用，也是多年来致力研究的一项重大课题。结合多年来的教学、班主任工作及学校行政管理实战，我私下认为：以人为本的教育理念是贯彻党的教育方针，坚持教育为社会主义服务路线和大力发展素质教育工程的先决条件。在树立以人为本的教育理念方面应重点抓住三个养成。

一、让学生成为学习的主人，抓好主动学习模式的养成

应试教育模式是当前中学教学普遍采取的教育方式，实践证明这种教育模式已严重束缚了学生的思维开拓能力，片面地追求升学率，实施警察式、保姆式、填鸭式的教育方式，使学生对学习产生了强烈的逆反心理，应试教育已成为以人为本教育理念的樊篱。所以在教学过程中必须冲出这种樊篱，打破旧的教学模式的桎梏，采取全新的以学生为主体的教学方式，变学生被动听课为主动获取知识，让他们在学习中寻出所学教材中的疑惑，进而怀着浓厚的兴趣在课堂上寻找答案，教师在教育过程中充当释疑者、引导者，而不是灌输者。同时，要注意培养学生课余自觉学

习的习惯，改变以往靠留大量的家庭作业，客观形成压抑学生学习兴趣的不良习惯的做法，把学生从题海战术中解放出来，学会自己学习，结合社会实践学习。

二、让学校成为展示自我的舞台，抓好学生自我管理思维的养成

学校就是学生的第二家庭，应大力提倡让学生成为这个家庭的主人，因此在学生管理方面，必须做到以学生为主体，教师为督导，让学生真正放得开，真正敢于面对一切，去探索，去创新，去实践，学会自己管理自己，自己关心集体，让学校真正成为学生展示自己的舞台。而老师和学校管理人员要发挥好监督和指导作用。比如，可以充分发挥班干部作用，采取班干部轮流值日的责任制，每个班干部可自己聘用两个得力同学协助其管理好班内事务，班主任只是给予指导，而不必事必躬亲，包办代替。这样，学生在学习过程中同时能够得到实际锻炼，获得处理问题的实际工作能力，为今后走上社会和为人处世打下坚实的基础。

三、让教师成为一面镜子，抓好典型引领教学方式的养成

"传道、授业、解惑"是教师必备的三种职责，之所以把"传道"放在首位，是因为学生尚处于社会事物辨别能力的懵懂时期，特别是中学生，自以为已经学了不少知识和为人处世的方式，实际上什么都不晓得，只会招致任性胡为，在这种情况下，老师的言谈举止对学生的影响至关重要。为此要树立以人为本的教育理念，教师就必须身先士卒，以身作则，身正为范，简而言之，就是要为人师表。以言行来约束自己，约束学生，影响学生，教育学生，只有自己身正才能成为学生的楷模。同时，要做好社会、家庭的联系，人与人之间总需要感情的沟通，信任是人与人交往的基础，是对人最起码的尊重。学生也一样，同样需要信任，渴望平等、尊重和理解，教师则应该完成这个光荣的使命，使师生关系真正地和谐、融洽，达到理想境地。尊重人也是最起码的道德规范，在此基础上，教师还应将此建立在理解的高度之上，处处为学生着想，为学生分忧解难。真正做到"相信你，相信我，相信大家"。

教育是一项长久的工作，只要教师让孩子有一方学习的天地，有独立的人格和平等的权利，去拥有自己的尊严、感情、思维、独立意志和独立追求，就能建立真正平等、互尊互爱的关系，促进学生的发展和身心健康，也才是真正着眼于学生的未来，真正在实际工作中落实以人为本的教育理念。

把教书育人当事业做

人民教师号称"人类灵魂的工程师",是"天底下最光荣的职业",因为人民教师肩负着开启人的智慧,为社会发展培养人的重责,关系到一个国家、一个民族乃至于一个家庭的兴衰成败。然而,由于教师队伍也是由普通人组成的,由于信仰、性格、学识水平、背景影响、人生经历的不同,对教师职业的认识程度存在着很大的差异性,其工作态度也大相径庭。由此看来,能否把教师工作的积极性调动起来,让他们全身心投入到教育高素质人才的神圣事业中来,这是教育事业兴旺发达的基本保证。这些年来,我一直致力于引导工作,引领广大教师把职业当事业做,主要做大了以下四个方面的文章。

一、变一般的教书匠为崇高的事业型学者

我国虽然有尊师重教的传统,但"家有半升粮,不当孩子王"的古训也流传至今,教师的社会地位和经济地位并不是很高的,他的学生有的已功成名就,而他仍然艰难地躬耕三尺讲台。因此,有的教师感到前途无望,只是为了养家糊口,被动地在工作挣钱,这部分教师的工作积极性并不高,虽然他日出而作,日落不息,但内心的干劲和创造性发挥不出来。

现代教育理念认为,我们教育工作者要视自己的事业为生命,

深刻认识到这一光荣使命的伟大意义，把每一个学生视为未来的钱学森和爱迪生，从学生身上看到中华民族伟大复兴。同时在教学水平上由一般的教书匠，也升华到了为国家培养高新技术人才的学者、专家，这样去认识我们的工作，其动力就会得到无限的增长。

二、变赚钱养家为实现自我

如果是一个目光短浅的人，他肯定当不好人民教师，因为他只知道有一份工作来养活全家，完成自己在一个小家庭中应尽的义务。当然，我们不能说搞好家庭是不光荣的，但仅仅是停留在这一层面上，是远远不够的。命运把我们与教育事业紧紧联系在一起，这是应该感到很荣幸和自豪的。孟子曾经说过："择天下英才而教之。"这是人生一大快事，因为一个孩子从稚嫩的幼苗成长为栋梁之材，从一个懵懂的顽童嬗变为思想深沉、境界高远的现代化建设的接班人和创造者，靠的是老师的点拨，靠的是老师的辛勤劳动和创造。总之，不管是我们选择了这一职业，还是这一职业选择了我们，我们都要在这个岗位上大显身手，去实现自我，使人生价值迸放出火花，因为这一职业是有用武之地的。

三、变被动工作为享受权利

有部分教师，在领导看着的时候使劲干，在领导背后消极干，在检查时拼命干或拼命补，在平时却偷懒。还有一部分教师认为教师工作十分清苦，没有什么油水，单调得如苦行僧。殊不知，教师的工作是十分幸福的，是丰富多彩的，当你培养了一批批优秀人才，当你挽救了一个个失足少年，当你帮助了许多在精神上、学习上、生活上面临危险境地的学生而后他们终成大器，你自豪、舒坦的心理体验是任何人也无法享受到的，这种自豪和骄傲，这种幸福是任何一种行业的人无法相提并论的，因此，我们要面对自己的工作，千万倍地去珍惜它，为此而刻苦工作，这不是压力，而是权利，也可以说是千载难逢的机遇，如果你不创造出奇迹来，那肯定是你自己错过了机遇。

四、变应付检查为主动探讨

因为有部分教师只限于应付状态，因此工作起来无起色、无进步、无创意，充其量只能是按部就班，处于应付差事的忙碌中，这部分教师的成绩虽然有时也可能比较好，但不会有大的发展。而我们应持有的正确态度是要积极地去探讨教书育人的理论，并将之进行行之有效的科学实验。也就是说，我们每一位教师，要以现代教育理念为指导，以能否为现代社会培养出发展生产力的实用型人才、创造型人才为准绳，去深入、细致、刻苦、积极地探讨，争取摸索出一条新路，在事业上占领成功的制高点。

总之，我们每一个教育工作者，一定要站在实现人生价值的高度，站在全民族利益的高度来对待教育这一神圣的事业，不要视之为压力，要视之为动力和权利，最大限度地发挥其能动性，力争在培养人才的工作中创造出辉煌的业绩。

教师应有的精神状态

精神状态是人心理活动结果的体现，是人脑对外部事物所表现出来的各种形式，是人的心灵、观念、意识和意志的外显。人的精神状态是受以上的诸精神因素所制约的。由于人的精神状态对其心灵和意识等精神因素虽然具有及时的表露性和易见性的积极作用，但偶尔的精神"误区"所导致不良的精神状态却也存在对自身或他人的负面影响。因此，我们教师很有必要对此予以真正的关注，并通过个人努力设法加以调适。

我们知道，学校教育教学工作非同一般性质的工作，它既是一门科学，又是一门艺术。"教育的艺术是使学生喜欢你所教的东西。"（卢梭：《爱弥儿》第349页，商务印书馆1978年）。著名捷克教育家夸美纽斯（1592—1670）也曾说过："《大教学论》阐明一切事物教给一切人类的全部艺术。"（夸美纽斯：《大教学论》第1页，人民教育出版社1957年）。因此，它要求教师必须应以热情向上、积极追求、民主和谐的精神状态在教育教学活动中遵循自身规律，并不断通过创新运用各种方法、手段和审美因素，以真切的情感性、鲜明的形象性、精湛的艺术性和活跃的创造性让学生在愉悦的氛围中去高效地进行学习。为达到这个要求，作为教育者在实际工作中不仅要始终坚持理论与实践的紧密结合，而且更要进行较长时间的艰辛探索，主动体验和不时总结。可遗憾的是，我们有些青年教师由于片面认为虽然自己工作时间短，可毕竟所学专业理论知识功底强且精力充沛热情高，自以为对教育教学规律的运用定会得心应手，并可取得理想的效果。但未曾料到的恰好事与愿违——在实践中不但有时收效甚微，或遭遇失败，甚至还常因盲目将自己定位于群体中的"弱者"而深感苦恼和精神不振。另外，也有些老教师（特别是农村学校），他们面对当前我国学校素质教育的全方位推进、课程的深化改革和现代信息技术手段对教学领域的介入，以及对任职岗位人员激烈的竞争而往往感到力不从心，忧虑忡忡，畏难重重。

上述部分教师不良精神状态的表现和存在，它不仅无利于目前中学素质教育的顺利开展和人才的大力培养，而且也给教师自己的身心健康造成了一定的负面影响。那么是什么原因在促使我们这部分教师的精神状态会产生如此的变化呢？简而言之，从主观上讲就是由于我们忽略了"意志"在不时起着导向作用的缘故，因为"意志具有对自身及其心理活动审查的功能"，尤其"当把自己从客体中区分开来，并把自己作为考察的对象，人就就得了一种特殊的反映形式，即自我意识，有了自我意识，人们就能主动地协调自己的心理活动和行为，从而把人的心理提高到更加自觉和能动的水平"①（杨振东：《学校教育心理学》第 15 页，中国展望出版社 1988 年 11 月）。正因为如此，所以我们中学教师应时刻注意和重视个人精神状态的变化与变化的程度，并及时通过自己的意识去客观认定和主动调适自身不佳的精神状态。要加强心理修养，增加个人对不良因素的承受能力，以保持良好的精神状态。要正确认识自己在群体中的价值和作用，全面客观地去审视自我、评价自我和认定自我。要加强学习，不断更新观念，使自己的意识始终能与时代脉搏同步。特别是突出发挥好"意志"

对自我精神状态的调控作用，加强内心自控力，促使自己不良的精神状态能尽快向良好的方面转化，以适应素质教育对我们教师的要求。

在此，我想讲述一个小故事，可能对读者诸君会有所启示：一天，屠格涅夫带一猎犬漫步在花园，突见一只幼小麻雀不慎从树上掉下，并可怜无望地扑腾着翅膀在挣扎，此刻受惊的猎犬见状便龇牙狠狠地盯住它。险境中，雏鸟的妈妈勇敢地从空中猛冲下来，双翅紧护着孩子厉叫着准备与猎犬决一死战。可出乎意料的是，麻雀的这种视死如归的气势竟然吓退了猎犬。

看，原来真正的弱者——麻雀，都能以昂扬的振奋精神去立地顶天，何况我们人！再言，我们并非是真正的弱者！人世间，哪有不可逾越的激流与险山，对吧！

素质教育与教师素质

全面推进和实施素质教育，克服"应试教育"后弊端，促进学生素质全面、和谐的发展已是大势所趋。实施素质教育的关键在教师，邓小平同志指出："一个学校能不能为社会主义建设培养合格的人才，培养德、智、体、美、劳全面发展，有社会主义觉悟有文化的劳动者，关键在教师。"这就要求教师要站在时代的高度，不断更新观念，加强师德修养，树立"敬业、爱生、勤学、奉献"的崇高思想，树立终身学习的观念，不断更新自己的知识结构，改进教学方法，努力提高教学水平。只有这样才能有力地推进素质教育。

那么，素质教育对教师素质的要求是什么呢？

一、要有创新意识和创新精神

众所周知，创新是一个民族进步的灵魂，是一个国家兴旺发达的不竭动力。只有具有创新意识创新精神的教师，才能不断更新教学观念，改进教学方法，培养学生的创造能力。为了培养创新意识，教师应注意吸收新的教学技能和科研成果，并积极探索、实践、激发创新热情。

二、具有高尚的职业道德水平

教师的职责是：教会学生成才的同时，还要教会学生做人。教师是人类灵魂的工程师，教师的道德水平对学生有直接的影响，这就要求教师爱岗敬业，教书育人，为人师表，具有鲜明的政治态度，科学的世界观，正确的人生观、价值观。

三、具有广博的知识和再学习能力

当今社会的发展，自然科学、技术科学、社会科学不断融合，这种趋势必定在学校各科的教学内容中体现出来。这就要求教师除了有扎实的专业知识外，还要有广博的相关学科的知识。专业课教师要学好外语，因为开放和交流是当今世界的主流，外语是了解外部世界，开阔视野，提高各种修养的窗口。随着科学技术日新月异的发展，知识更新越来越快，今后，不会使用计算机的教师，就会成为"功能性文盲"。所以教师必须具备较强的自学能力和良好的学习习惯，不断充实完善自己。

四、具有较高的教学艺术和教育科研能力

教师要能熟练运用教育理论指导自己的教学实践，不断探索，努力实现教学内容与教学方法的完美结合。在教学中，要敢想，敢干，"教学有法，教无定法"，大胆地进行教改实验，改变思维方式，多用发展、求异思维，创造出体现素质教育思想好的教学模式。

五、具有良好的心理素质，以及对学生进行心理健康教育的能力

素质教育要求教师具备敏锐的观察能力、灵活的思维能力和

丰富的想象能力，具有广泛的爱好，丰富的情感，坚强的意志和开朗的性格，只有这样具备健康心理的教师才能培养出适应时代要求的新世纪的高素质人才。另外，只有具备敏锐的洞察力和判断力的教师，才会知道如何保护学生的创造精神和创造能力。教师大方的仪表和风度，优雅而熟练的动作，优美的教学语言，对学生起着潜移默化的作用，对学生自身心理素质的提高起着积极的促进作用。

六、具有组织管理活动的能力

活动课是课堂教学的延续，是培养学生能力和创新精神，提高学生素质的重要途径。但由于学生人数多，活动课的内容又千差万别，这就需要教师有较强的组织管理能力，才能收到预期效果。为了适应素质教育的要求，教师要树立终身学习的观念，努力提高自身的素质。其途径有：

1. 积极参与教研活动

如研究在教学中如何激发学生的学习兴趣，怎样培养学生的创新意识和创新思维，如何在学科教学中渗透德育教育，如何激励学生的科学精神和爱国心，如何对学生进行世界观的教育，发展学生完善的个性，提高学生的审美素质，走科研强师之路，努力使自己由"教书匠"转变为"专家"型的教师。

2. 进修专业培训

由于知识日新月异，每隔几年，学校或教育机构应组织教师到大学接受专业知识与技能培训；或请高级教师举办讲座，介绍本专业的进展与动态，鼓励教师进一步深造。

3. 掌握现代化的教学手段

随着社会的进步，教学手段的现代化已经成为教学现代化的重要标志。科学的发展使现代教育技术向着以计算机为中心，集处理文字、图形、音频等多种信息于一体的多媒体化的方向发展。当教师习惯于粉笔加黑板的手段时，教室周围多媒体环境的突然出现，网上教育，远程教学，适合各级各类人使用的光盘、学习软件等，就激励着教师去学习，去应用。所以，为了适应科技的飞速发展，教师要认真学习现代化教育技术，努力提高自身素质，促进素质教育的全面发展。

班主任的五个素质

近段时间，我们对班主任进行了培训。好多年没有进行这样的工作了，于我，打走上学校管理岗位，我的班额扩大了几十倍，在定位上，已升格为大班主任，其班主任的素质也随之提升。不庸讳言，班主任是班级工作的组织者和领导者，班主任工作在学校教育、教学中占有重要的地位，是学校工作的中心环节之一，在由"应试教育"向"素质教育"转轨的关键阶段，班主任的工作显得尤为重要。要想成为一个合格的班主任必须具备以下五个方面的素质。

一、要有对教育事业坚定不移的理想和信念

这种信念和理想是恒久的原动力，有了它可以安贫乐道，以苦为乐，更能面对种种诱惑，坐得住板凳。这份感情可凝练为一种精神——无条件地为祖国的教育事业献身的精神。

这份热情表现在班主任工作上，就是，热爱教育事业、热爱学生。班主任对教育事业的热爱要落在学生身上，那就是要用真诚和爱心对待学习好的学生，听话的学生，也要爱护那些调皮捣蛋的学生，用爱心温暖学生是教育的基础，是教师工作的前提，实践证明，一位合格的班主任，经验纵有千万条，热爱学生是第一条。总之，无悔的热情是合格的班主任应具备的首要素质。

二、具有渊博的知识，较强的表达能力、组织能力、协调能力

这里所说的学识，包括教学专业及教学专业以外的综合知识体系。它是提高教学质量不可缺少的条件，是每一位班主任都应勤修苦练的基本功。超群的专业技能永远是工作制胜的法宝。有了渊博的学识，还要有较强的表达能力和丰富多样、形式活泼的教学方法，才能把知识多渠道、高效率地传递给学生。此外，由于班主任工作的特殊性，所以在成为"专才"的同时，更应向"通才"发展。班主任和学生接触时间长，对他们的学习、生活，甚至是人生观、价值观的形成都起着举足轻重的作用。在从应试教育向素质教育转轨的过程中，要因势利导，因材施教。挖掘学生的潜力，从而使学生在获得文化知识的过程中提高能力。这一切都要班主任掌握一些除专业知识以外的其他相关学科知识，如教育学、心理学、哲学常识等等。

三、要奉献师爱，建立互相尊重、平等的师生关系

良好的师生关系，是班主任做好班级各项工作的基础。班主任在平时的工作中，要与学生多接触，多谈心，沟通思想，密切关系，增进感情。要尊重学生，平等对待不同情况的学生，和学生建立深厚的感情，做学生的知心朋友。教师与学生的人格是平等的，教师和学生两方面的思想、情感以及行为方式应该得到同样的尊重，任何一方面强加于人都是不正常的，教师要善于创造一种生动活泼的氛围，努力使学生形成探索创造的心理愿望和性格特征，形成一种以创造精神吸取知识、运用知识的性格，使学生能够创造性地应对环境的变化。苏霍姆林斯基说过："爱是强大无比的教育者。"对班主任来说，把真挚的师爱赋予学生，既

是基本要求，也是很高的标准，热爱学生愈深，取得的效果愈好。爱是教师与学生心灵之间的一通路，是塑造学生美好心灵的一种无形力量，是学生克服困难，积极向上的精神支柱。

四、正确评价学生

评价学生切忌"上天入地"式，说某某同学好，就捧上天，俨然古今完人。某某同学差，几近不可救药，彻底否定，这样的评价是片面的，是不负责任的，不理智的，不科学的。

正确的评价应该是：批评与表扬相结合，从德、智、体、美、劳全面发展的高度评价学生，做到立体的评价。总之，评价学生既要科学、公正、完整，又要有虚有实，重在鼓励。做到全面发展与持续发展相结合，理智与情感相结合，批评与表扬相结合，课上课下校内校外相结合，历史和现实相结合，为学生的发展提供光明的坦途。

五、言传身教，为人师表

著名教育家夸美纽斯说："教师的任务是用自己的榜样来诱导学生。"教师的思想素质、道德观念、学识水平，以及言谈举止时刻影响和教育着学生。由此，根据身教胜于言教的原则，教师必须严于律己，要求学生做到的，教师首先做到，要求学生不做的，自己带头不做，使学生在潜移默化、耳濡目染的过程中受到教育，思想不断得到升华。

用好教师就要尊重教师

要创建实验性示范学校，首先要培养一批具有研究、创新、合作、发展等特点的示范教师，因为教师是实验工作的主体，教师积极性的高低是学校工作取得成功的根本保证。因此，搞好实验的关键是尊重教师。

一、了解教师，是尊重教师的前提

在一所学校里，由于教师年龄、性别、性格、爱好和心理等因素的差异，他们的需要不可能是单调划一的。取得一定成绩的教师希望得到表扬和肯定，工作或生活遭到挫折的教师渴望得到安慰和帮助。形形色色的需要中，既有正当的、合理的，又有不正当和不合理的。这就要求学校领导要深入调查了解，善于体察，认真分析，对教师急切的合理的需求应尽可能予以优先和适当的满足，对那些因各方面条件的限制而暂时难以满足的需要，应实事求是地向他们说明原因，讲清道理，表示对他们的关心，争取得到他们的理解和谅解。对那些不正当甚至是错误的需要，不能姑息迁就和盲目怂恿，也不能不分青红皂白地加以否定拒绝，更不能以势压人，而应以和风细雨的方式，认真做好细致的思想工作，这是做好工作的前提。

二、知人善任，是尊重教师的基础

学校领导者应对每位教师的性格特点、能力状况、工作效果以及其他方面的优劣长短心中有数，做到知人善任、用其所长、避其所短。在工作安排上要尽可能地寻找出每一位教师能力、兴趣与工作任务的最佳结合点，尽可能地创造条件使教师的每一分聪明才智得到充分的发挥。对于那些能力出众、工作成绩突出、德才兼备的教师，要大胆推荐，委以重任。这不仅对获得信任的教师是一种巨大的鼓舞，而且对其他教师也有巨大的鼓舞作用。对于那些工作能力和工作效果较差的教师，应善于发现他们身上的优点和长处，当做出成绩时应及时鼓励，增强他们的信心，强化他们的工作积极性，当工作出现困难或挫折时，要及时加以帮助、扶持，使他们体会到温暖，获得一种被理解的愉悦和满足。这样，就能人尽其才、才尽其用。

三、严于律己，是尊重教师的保证

要正人，先正己。学校领导的一言一行无时无刻不处于教师的监督之中，学校领导者要对自己的言行负责，要严于律己。要求教师做到的，自己首先做到，对于涉及利益关系的事情，要先人后己；对教师与教师，领导与教师之间的各种矛盾的协调处理，要公正无私，一视同仁；对工作中的过错，要勇于承担责任。

只有这样，领导才能在教师中树立自己的威信，塑造自己的良好形象，也只有这样，才能保持健康的心理和高昂的工作热情，尊重教师才能达到一种更高的境界。

四、广开言路，是尊重教师的作风体现

让每一位教师以不同形式参与学校实验工作的决策与管理，

对于树立教师的主人翁精神，使学校产生巨大的凝聚力，完善学校的实验工作目标都有巨大的好处。学校发现教师不积极主动，要向对方做耐心的解释工作，使教师真正认识自己的错误，同时体会到自己被谅解和尊重。学校的实验工作，请教职工参与讨论，提出建议，是对教师的信任和尊重，是民主作风的体现。使教师体会到学校是自己的学校，工作是自己的工作，学校集体的一切活动都与自己息息相关，自己是学校的主人。如果学校领导独断专行，不虚心听取教师意见，教师就会产生一种被冷落、被轻视的感觉，长此以往，这对增强学校内部的团结，搞好学校的实验工作，是十分不利的。

五、宽容大度，是尊重教师的风格体现

学校领导者与教师的关系，无时无刻不处于矛盾之中，各种冲突时有发生，如教学工作安排、经济利益的分配、情感的纠葛等等都可以导致教师与领导之间产生矛盾。在这种情况下，作为学校领导应首先对自己的言行做实事求是的反省，若错误在于己方，应以高姿态主动诚恳检讨自己，承担责任，以争取教师的理解。若错误在于教师一方，作为领导不能耿耿于怀，更不能想方设法加以报复，要不计得失。如果领导面对教师的顶撞，不冷静，意气用事，耿耿于怀，势必影响团结，影响工作。宽容大度，不计得失，是理解尊重教师的风格体现。

六、坚持原则，是尊重教师的最高表现

尊重教师并不是对教师的错误言行不闻不问，放任自流。怕得罪人，不敢管，不想管。处处以老好人的面孔出现的做法是对自己、对学校实验工作、对教师的不负责任的表现。轻诺寡言、

夸海口、说风凉话、开空头支票等也都是极不负责任的行为。因此工作中，学校领导要敢于坚持原则，对教师严格要求，在学校中弘扬正气，营造一个良好的教书育人环境，这才是尊重和爱护教师的最高表现。

用人是一种领导艺术，尊重人同样需要艺术。只有真心实意地理解、尊重教师，教师的工作热情和积极性才能得到最彻底、最充分的调动，实验工作也才能左右逢源，一帆风顺地开展起来。

校长讲坛篇

运用教学机智，优化课堂教学

随着新课改政治课教学方法的改革和我国改革开放的深入与市场经济体制的建立，必然会促进学生思维的活跃，学生会提出一些出乎教师意料之外的问题来，这时教师闭口不答，则尴尬出丑；推托搪塞，则学生讥笑；信口开河，则常闹笑话。凡此种种，不仅有害于教学，也有损于教师的威信。因此，作为教师就必须发挥自己的教学机智，抓住时机，因势利导，从容应付，达到出奇制胜的效果。培养教学机智必须做到：

1. 深刻钻研教材

把握教材的精神实质、目的、难点和重点，这是正确处理课堂"不测之变"的前提，否则，教学机智便会变成信口开河的代名词。如果课前不认真准备，没有足够的知识储备，而在课堂上随意发挥，就会误入迷宫。

2. 留意学生的听课反应

善于回答学生提出的问题，这是培养教学机智的关键。在讲课过程中，我经常碰到这种情况：自己认为是教学重点，学生却不以为然，你在上面喋喋不休，学生却一个个面露厌倦之色；自己认为学生易懂的问题，轻描淡写而过，学生却迷惑不解。于是我就根据学生的这些课堂反应及时地调节教学内容和方法。

在课堂教学中，还会经常出现学生插嘴的现象，这实际上是对教师讲课的一种最直接的信息反馈。我对这种插嘴是非常留意的，在学生的插嘴中有问题的症结，有思维的火花，有教学的契机。如一次我在讲"真理是发展的"这个观点时，一个学生插嘴说道："难道1+1=2，这也要发展吗？"话虽然讲得很轻，我还是抓住契机，请这位学生向大家谈了他的观点，然后组织讨论，课堂气氛异常活跃，争论激烈，经过大家的讨论和教师的讲解归纳，最后统一了认识。

爱因斯坦说："我没有什么特别的才能，不过喜欢寻根刨底地追究罢了。"善于提问题，是打开一切科学大门的金钥匙。我对学生的发问采取认真的态度。并采取多种方法回答他们的问题，回答问题时，我做到：不答非所问，转移论题；不不懂装懂，错上加错；不讥讽挖苦，无故责难。这样做，既能尊重学生，保护学生的积极性，又能充分肯定学生创造力，发展学生的智能。

3. 正确对待学生的逆反心理，提高教师教学机智的能力

学生不赞成教师的观点，提出反驳，这种情况对教师的冲击力最大。我对学生这种行为具体分析，区别对待，不是采用简单压制的方法，我的做法和体会是：第一，对容易引起学生怀疑的原理、观点，教师要全面，准确地讲解，分寸要得当，褒贬要适度，不能为强调一个方面而忽视另一个方面。如讲社会主义制度的优越性，要讲够，讲充分。但是社会主义制度还有不完善的地方和环节也一定要讲，目前社会上还有阴暗面和各种腐败现象也一定要指出，这样学生才会认为老师讲的是真话，不是在骗他们，这样也就避免了逆反心理的产生。第二，让事实说话，让学生自己说话。第三，要善于质疑，尽量减少诱发逆反心理产生的因素。如提问"资本主义社会会不会灭亡"就不如问"为什么资本主义社会必然灭亡"。

4. 培养教学机智对教学是至关重要的

在准确、迅速回答学生提出的问题时，要注意如下几个问题：

第一，忌感情冲动。教师在课堂上要有自我控制能力，随意冲动是不成熟的表现，做到自我控制，就要把自信心贯彻讲课始终，自信地讲解，不被意外的动静所干扰。

第二，忌言过其实地自夸和过度自谦。如"我保证回答同学们提出的所有问题""我对这门课一窍不通"等等，自夸和过度自谦将失去学生对你的信任感，影响授课的感染力。

第三，忌不分层次，离开主题，缺乏逻辑，乱讲一通。

第四，忌与学生怄气，要有耐心，时刻牢记你是老师，政治素质，思想修养应当比学生强，就是暂时出现个别不安心听课的，千万不能流露出对学生不满的情绪，甚至出现失态现象。

总之，提高课堂教学机智的能力，对提高教师的授课水平和教学效果，增强政治课在学生中的吸引力和兴趣，将产生重大的作用。

学校管理需要这样的班主任

在长期学校管理中,我体悟到"怎样的班主任老师最好",我对学校 165 名男女生进行过调查,百分之百要求班主任老师严格要求他们。"只把学生关在教室里读书,不让学生参加课外活动的班主任最不好!""经常训斥学生的班主任不是好班主任。"……学生们的期望很多,归纳出来要"八能"。

1. 能以身作则

言传又身教,学生最欢迎。"班主任和我们一起扫地、抹门窗,一起劳动,同艰共苦,我们最高兴。"要求学生做到的,自己理应做到。作为学生的带头人,举止稳重、语言文明、衣着应朴素整齐。

2. 能实事求是

当教室凳脚被打断、纸团果皮在地等情况发生时,有些班主任处理问题心情急躁,常常不由学生分说,就来一阵疾风暴雨;不弄清事实真相不妄下断语,应成为班主任认真恪守的一个原则。

3. 能一视同仁

偏心不公正,学生不欢迎。"好"学生打坏一块玻璃是不小心,"坏"学生打了玻璃是存心搞破坏……"女生做错了事,班主任不管,男生做错了事就要罚,甚至要罚扫地一个星期,这是最不好的班主任"。

4. 能说话算数

"班主任老师说，期中考试一完就带我们野炊，现在又变卦了，真扫兴。"如果答应学生的事，克服一切困难，也要实现计划。班主任老师每办一件事，都应考虑事情的必要性和可能性，根本做不到的事不说。

5. 能宽容理解

把星期天、节假日"还"给他们，把欢乐还给他们，使学生有时间参加社会实践活动，接触社会、充分利用和发掘周围社会环境的有利条件，开拓视野。学生"最讨厌侵占休息日搞所谓的'补课'"。前年，我带初三毕业班，记得有一次，顶住各方面的压力，在班里宣布："我们班假期不补课！"学生们竟鼓起掌来，有的高呼："老师万岁！"现在，"最忙最累的是中学生"。

6. 能关心热爱

热爱学生是人民教师职业道德的核心，是做好班主任工作的基础。三分严格之水，加上七分慈爱之蜜，酿成香甜可口之甘露，用以浇灌学生之心田，自然可以收到浸润滋长的效果。这种爱不是溺爱，不是投其所好之爱，更不是迁就，而是从祖国和人民的根本利益出发，站在共产主义思想的高度，为造就一代社会主义新人而产生的爱。这种爱是伟大的、崇高的、纯洁的。班主任要把这种胸怀广阔之爱的热流全部倾注到每个学生身上，想学生之所想，急学生之所急，先学生之忧而忧，后学生之乐而乐。只有这样才能打开学生心灵之门，启迪其智慧，催促其奋发向上。

7. 能允许异议

也就是说，班主任要发扬民主，允许学生对某些问题发表不同意见，不要搞"一言堂"。要废弃那种封闭式的"灌"，采取开放式的"导"，例如：有一位班主任，有一种传统的思想，认为羡慕别人总是不好，常常用古训"临渊羡鱼，不如退而结网"来教育学生。可是，学生并不这样认为，他们认为因有羡鱼的心理，才能有结网的行动，没有羡慕，人类就不会进步。人不羡慕鸟的飞翔，就不会有飞机；不羡慕青蛙的眼睛，就不会有雷达。我们决不能认为学生的这种见解毫无道理，即使发现学生的见解是错误的，也只能采取讨论的方法，加以疏导，不可堵塞。只有这样，才能沟通思想，融洽关系，消除学生的对抗心理。

8. 能歌善舞

有特长的、多才多艺的班主任，学生最敬佩。用学生的话说："我们热烈欢迎全频道的班主任老师！"总之，十几岁的中学生已有一定的是非界线，需要更多的正面教学和榜样作用。愿我们的班主任老师听到他们的心里话后，回答这个问题：学生的心灵需要班主任的慈爱之蜜去浇灌。

如何培养学生的自信心

中学阶段是一个人一生中长知识长身体和心理发展的重要时期。我们培养学生不仅要向学生传递科学文化知识，而且还要培养他们的自信心。有了自信心，他们就会在将来的事业中，有坚定的信念，克服困难，奋勇前进。

培养学生自信心的方法有很多。在长期的教学实践中，我认为有意识地利用"皮克马利翁效应"是一种非常好的方法。

相传古代的塞浦路斯岛，有一位俊美的年轻国王名叫皮克马利翁，他用象牙精心雕刻了一尊少女像，每天都含情脉脉地迷恋"她"。真情所至，这个少女真的活起来了。这虽然是个美丽的传说，但现实生活中却也有类似的事情。

1968 年美国心理学家罗森塔尔和雅可卜生发表了一篇文章。文中报道了他们在美国一所小学 6 个年级进行的一项实验。他们从这所小学每个年级中各选出三个班。然后对这 18 个班的学生进行"发展预测"。他们只是随便抽取一批学生名单，并郑重其事地交给有关任课老师，并告诉这些老师名单上的学生有"优异发展的可能"。一段时间以后，这两位心理学家又来到了这所小学，发现随机抽定"有优异发展可能"的学生真的比其他学生进步快，两位心理学家罗森塔尔和雅可卜生利用自己的"权威性谎言"，给了老师一种暗示，使教师对这些学生给予了特别的关注和喜爱。其实教师在这里就等于扮演了皮克马利翁的角色，而名单上的"有优异发展可能"的学生成了他们抱有极大期望的"雕像"。教育心理学家们把这种现象叫作皮克马利翁效应。

那么皮克马利翁效应与学生的自信心是什么关系，它们又有什么必然的内在的联系呢？对于初中生来说他们大多是单纯，热情，具有直觉性和不稳定性的特点。他们感知事物常常是只凭直觉上的好坏，而不是经过理性的分析。他们很难把握自己，也很难正确地分析和评判自己。如果这个阶段教师或家长给某个学生下了"没出息""你算不行了"之类的结论就很可能导致这个学生对自己失去信心，以为自己真的不行了。有人把这也叫皮克马利翁效应。有些教师或家长有意或无意之中做了这样的皮克马利翁。而这种效应产生的后果对有的学生来说是终生不能挽回的。这种效应是一种带有厌恶感情的信息，这种信息传递给未成熟的学生，无疑是一种打击。因此教师或家长要避免出现这样的现象。要善于从学生身上发现闪光点进行及时表扬，用学生自身的积极因素克服他们的消极因素。

我曾教过这样的一个学生，他是 2013 年上初中的。这个学生明显的与众不同，不遵守纪律，上课说话，没有好的学习习惯，有时还和同学打闹，搅得周围同学不得安宁。对于这个学生我主动地接近他和他谈心，并进行了家访。据他父母说，在小学的时候从一年级到四年级他都是当班长，三好学生，到五年级的时候换了一位班主任，这位班主任说觉得他没有能力，撤了他的班长职务和三好学生称号，他不服气，可这位教师又没有及时做他的思想工作，于是双方便成了僵局，后来他就成了差生。我了解情况后，找他谈过很多次，想让他重新振作起来，唤醒他对最初学校生活的美好回忆，渐渐地他有了一些进步。但由于基础差，心灵的创伤太重，没念完初中就进体校了。试想一下，如果当时的小学五年级的班主任不是那样处理问题，恐怕这个学生的历史就要重写了。

相反，如果我们都像国王看雕像那样注入爱和情，我们的学生又会怎样呢？

记得我在教 2015 届毕业班学生的时候，有一个女同学，在三年级期中考试的时候成绩不理想，和成绩好的学生竟差几十分，这时这个学生有些失魂落魄，以为自己不能考上上级学校了。发现这种情况后，我及时地做了她的思想工作，并指出她的成绩是主要的，只要下一段时间能够努力，我想一定能够考入上级学校的。有志者事竟成。这个同学受到了鼓舞，增强了信心高兴地笑了。后来的一段时间里，她加倍努力终于考上了师范学校。上学后这个学生给我来信说："老师，今天我能在师范学校读书，全是您的功劳啊，如果不是您的及时鼓励和教导怎能有我的今天呢？"

从上例中可以看出皮克马利翁效应适宜于大多数学生。现代心理学研究表明，这种积极健康的情感能够有效地强化人的智力活动。教师亲切和蔼的微笑，充满期待和鼓励的目光，不失时机地表扬，都能激发学生学习的积极性和自信心。使学生精力充沛，思维敏捷，想象力丰富，记忆力增强，同时也增强了做人的尊严和信心。

皮克马利翁效应的实质就是某一个权威者给你一个信息，说你好，并经常鼓励你，这样你也就好起来了。因为你能最大限度地发挥潜力，调动所有的积极性投入到学习中去。因此学习成绩就会好，长期下去就会形成一个良性循环。

当然这不是对每一个学生都完全适用的，因为每个人的心理承受能力并非完全相同。心理承受能力对强者来说可能会与外界的压力成反比，你越说我不行，我越加倍努力。但这是极少数，初中生很难做到这一点，甚至很多成年人都做不到。因此对初中生来说，我们还是要进行正面引导，多肯定，多鼓励多表扬，调动其内在的积极因素。一般来说权威者的话才能产生效应，在学生心目中教师就是权威，他们很看重老师的话。

这样教师在教学中要有意识地利用这个效应，以便产生更好的效果，增强学生的自信心。

在减负中提高学生的学习积极性

"减负"只是减掉那些妨碍学生身体健康发展的过重负担，减掉那些反反复复的劳动，并不意味着降低对学生学业的要求，更不意味着降低人才的标准，而是通过更加科学完善的教育方法，减轻学生不必要的负担，促进学生主动、活泼、健康、全面发展，促进教育质量的全面提高。从某种意义上讲，对学生的要求更高。作为教师如何才能激发学生的学习兴趣，变"要我学"为"我要学"呢？我认为应从下面两个方面努力。

一、启迪学生树立远大的理想信念

理想是一个人的奋斗目标，是学习的动力，对于中学生来说，理想不是凭空而生的，是在日常生活、学习中潜移默化逐渐培养起来的。每个学生都会对自己的将来充满憧憬和幻想。在平日教学中，我向学生提出问题问他们长大了干什么？

学生说：我长大了要当科学家、当解放军、当教师等等。这时我就抓住时机，因势利导，告诉学生：要实现自己的理想，必须从少年时期严格要求自己，必须掌握一定的科学文化知识。学生树立远大理想和奋斗目标，就会积极主动地去实现，这样学习中就有了动力，促进了学生的主动学习和主动发展的理想信念。

二、培养学生自主求知的理想信念

要获得未来社会生存竞争的能力，需要掌握更多本领和能力，而这些本领不仅需要在课堂上努力学习，也需要在课余时间进行大量的学习和积累，所以培养自主学习兴趣是关键。所谓自主学习兴趣就是指学生带着一种高涨的激动情趣从事学习和思考，对所学知识感到惊奇，在学习中能够感到智慧的力量和创造的欢乐。兴趣是学习最有效最直接的动力。学生如果对自己所学的知识感兴趣，那么他就会主动去学，积极地探索、认真地思考，取得好的学习成绩。

教师要培养和保护学生的好奇心和求知欲，他们对周围的世界充满好奇、探索和渴望，在平时的学习中他们就会常常问老师"这是什么？""为什么是这样？"等等有趣的问题。教师对学生的提问不要觉得好笑或麻烦，而应该认真回答，并加以引导。能够追根问底的学生，表明其探索知识，渴求知识的欲望强烈，学习兴趣大。

教师在传授知识的过程中，不但要以丰富有趣、生动活泼的教学方法来吸引学生，还要积极培养学生的学习兴趣让学生在循序渐进的学习过程中体会到获取知识，运用知识的乐趣，只有这样，才能在学生减负中提高自身素质，激发学习的兴趣，提高学生自主学习的积极性。

就当下新时代教学中加强人格教育的一点思考

当今是激烈竞争的一个新时代，国家之间的竞争归根结底就是创造性人才的创造速度和创造效率的竞争。要实现这一伟大目标的愿望，教育的根本在于塑造健全的人格，因为完整、和谐的人格，是创造性思维产生的重要前提，也是实现自我价值的重要条件。

一、人格教育是时代发展的必然要求

新课程标准提出："要重视终身教育与铸造人格、发展个性以及增强批评精神和行动能力方面的意义。"面对未来社会发展，还提出教育四大支柱"学知、学做、学会共同生活、学会发展"。其内涵与人格完善是一致的。从"学会学习——学会关心"这一世界教育主题的发展轨迹，足以反映出教育在塑造人格方面的地位是具有战略性意义的。

我国传统的"应试教育"片面采取分数淘汰作为选择人才的尺度，片面追求升学率，重智轻德、抑制了孩子的尊严、自由、创造性、好奇心、想象力的发展等，严重摧残人性，致使不少学生的心灵扭曲；一系列的报道与调查数据也表明：中国的学生中有绝大多数患有各种各样的心理疾病，人格不健全、性格缺陷等。对此，国家提出要从根本上从应试教育向素质教育转轨，彻底地解放儿童个性的束缚，让他们自由、轻松地发展其个性，健康活泼地获得全面发展。可见，摆在当前教育的一个重要的课题就是促进、完善学生人格的发展。

且当下新时代以信息技术为标志、以知识经济为时代特征，是综合国力与国际竞争更加激烈的时代，要力求适应、得以生存与发展，就应具备诸如坚韧不拔、开放达观、不怕挫折，具有献身精神、热情，拥有广泛兴趣、合作精神，有正确的人生价值取向、崇高的道德观等一些积极的人格特质，这无疑对于现代教育也是一种挑战，既要重视知识传授和教师的主导作用，又要注重于学生能力、积极个性特征的养成和发挥学生的主体性、自主性、体现教育的时代性。

二、倡导主体教育，塑造完整、健全人格

素质教育的宗旨在于让每一个学生都能得到自由、活泼地成长，全面提高学生的各种素质，真正挖掘学生内在潜力，发展学生的主体意识，让学生积极主动地得到发展。换言之，实施素质教育唯有抓住核心问题——倡导主体性教育，培养学生的创造能力，才抓住了根本。

弘扬人的主体性、唤起人的主体意识、发挥人的主体活动能力，是"一种教育主体哲学"——主体教育论的精髓所在。人的主体性的规定，指的是作为独立、完整的社会个体在同客体的相互作用中所表现出来的能动性、自主性和创造性。"主体性强的人，就是自觉能动的人"，也就是能自尊、自立、自强、自律，具有较高的理智性和智慧性，不但对自己人生价值有清醒的认识、有高昂的处世精神，而且能懂得如何生存与发展及适应、改造于社会。主体性教育要求应把教学活动看成是一种培养学生主体性

的创造活动。在创造性教学活动中，尊重学生的主体地位，发挥学生在学习过程中的自觉性、自主性和创造性，不断提高学生的主体意识和创造能力，最终培养学生成为进行自我教育的社会主体。因此，现代教育的根基点应放于"如何培养出具有超前的认识能力和突破创新实践能力、同时还具有能正确处理好主动与受动、目的与工具、奉献与索取等关系的积极人格特质的社会主体"。只有实施以"培养完人"为目的的教育，在教学活动中重视师生之间的互动关系，彼此自然、轻松地进行心理互动、思想交流和情感的沟通，达到内部认知、情感、自我意识等机能系统的相互作用与协调，从而最大限度地发挥学生的主体性作用，才能更好地为学生进行创造活动奠定扎实的知识智力基础，为创造学力及健全人格提供有力保障。

三、推行人文教育，培植和谐人格

受传统教育的影响及现代社会对实用人才的需求，在课程体系结构中增加了科学技术的内容，这无疑是历史与教育的进步，但从某种意义上讲这进步是以人文教育失落为代价的，且在教育内容上出现文理分割、重理轻文、重工轻理、重专业教育轻知识教育，造成文化陶冶过弱、专业教育过窄、制约性过强的弊病，在功利主义的驱使下，教育把重心偏向工具价值上而挤压文化的精神价值。完全忽略了"以文教化"，根本否定了提高学生人文知识素养的重要性，造成学生道德面貌差，价值观、世界观错位，个性发展畸形等不良局面。

我们说，人文教育是一种强调用人类积累的智慧精神，心情精粹与阅历经验等人文科学的成果培养人、武装人，以期能洞察人生，完善以智、净化灵魂、理解人生意义与目的。确立正确的生活方式和存在方式，从而使人性在程度上与广度上得以真正体现，为人格完善提供精种力量和理性前提，且"以文教化"过程是把文化蕴含的价值观念、思维方式影响个体"如何学会思考、学会做人"的过程，渗透于人的信仰、情感、品格、学识和气质中，造成在文化素质上的高低、文理之分。

因而，作为学校教育部门应努力把重视"人文教育"作为各级教育的主流，使人文教育与科学教育互相渗透、互相融合，构建完整的知识能力与个性结构体系。作为教师应成为真的种子、美的使者、美的旗帜，诱发、引导学生丰富的心灵世界，使每个学生都能认识自身人格发展的最大潜能，同时，也能使自己产生一种"世界何等美好"的感悟，导致一种"为这个世界行善的冲动，一种回报的渴望，甚至是一种责任感"，进而使每个学生的精神发展达到理想境界。

四、营造氛围，促人格积极、主动发展

塑造完美人格，既是教育过程，也是自我发展的过程，更是艰苦的人生实践过程，理性的觉醒、人文精神的"给养"、高级情感的发动、自我实现的内驱力、人性高扬、主体确定离不开外在教育，但更多是一种内在接受过程，"内因是事物发展变化的根据。"

首先，学校的教育教学目标应定位在探索、创造、具有生命力及培养健全人格上，促使师生全身心投入，既能让学生在这种积极氛围下体验自己、主动发展自己，又能使教师的劳动闪现出创造的光辉和人性魅力，真正达到"不教之教"。

其次，教育教学过程的着眼点与出发点应放在如何发挥学生的主体上来，以发展学生的主体意识、智力水平、创造能力为主，

尊重学生的个性、培养学生的兴趣，创造一定意境，以诱发学生求知欲望、发展学生特长，鼓励学生大胆创造；在课堂模式中应努力倡导在考虑让全体学生得到全面发展的前提下，学生缺什么、教师教什么的模式，真正发挥积极的评价方式，把学生个性、品德、思维方式、学习能力、动手能力、创造能力作为评价、衡量学生水平的重要量值；教学内容上应逐渐朝人文主义和科学主义相融合的方向发展，使受教育者成为既有人文思想、又有科学思想、有深厚广博的文化积淀的人。

最后，应努力创设积极、乐观向上的课堂内外氛围，倡导健康、崇尚自由、追求完美境界的校园文化。利用一切可利用的积极因素，对学生进行健康向上的价值灌输，树立正确、科学的世界观、人生观，营造一种促使学生有奋发精神、高尚情操、人生健康发展的内外环境，进而达到激活学生创造思维的原动力——自主性，为构建富有创造学力的人才素质结构而塑造一个完整、健全人格的社会个体。

校长治校管校要有宽广的胸怀

自参加工作 26 年以来，从小学到高中，从乡村到城市，从普通老师到副主任、中层领导、副校长、校长、书记等职务，现任宜章六中党支部书记，尝尽了酸甜苦辣，付出了汗水心血，成长的经历让我感悟到：校长治校、管校要有宽广的胸怀才能方得始终。办一流学校固然要有一流的师资，但更要有一流的校长。校长除具有良好的政治素质，果断的决策能力、灵活的用人艺术外，还要有宽广的胸怀，才能充分调动教师的积极性，把学校办出特色。校长宽广的胸怀主要体现在能容人。容人，实际上就是要团结人，利用人，教育人，做到人尽其才，合力齐心，共同把学校管好、办好。

一、能容纳强于自己的人

当今社会是强力的竞争，实际上是人才的竞争。学校要办出特色,办出效益,同样需要德才兼备的人才。校长是学校的领导者、决策者、管理者，校长的领导艺术，决策能力和管理水平，不一定比所有的人都高，有些人在某些方面甚至在很多方面的能力要强于校长。如果校长嫉贤妒能，打击能人，那么被打击者不服，出于逆反心理，会与你对着干，产生矛盾。同时，会挫伤群众的积极性。久而久之，群众只有对你避而远之，还谈什么齐心协力呢！明智的校长，应任人唯贤，礼贤下士。

二、能容纳反对自己的人

一个学校，人员较多，关系复杂，其个性意识倾向不同：其心理特征各有差异，校长的领导意识不可能被所有的教师接受，有抵触情绪的自然就要提出反对意见。校长是人不是神，在工作中难免有失误或错误，一些人反对校长的错误言行理所当然。如果校长气量狭小，对反对过自己的人耿耿于怀，以后人家有成绩也否定，这种校长一定与周围的人关系紧张，得不到拥护，工作做不好。明智的校长应以德服人，赢得老师的心。

三、能容纳犯过错误的人

金无足赤，人无完人。一个人在工作中一帆风顺，做出成绩，固然是好事。但一些教师由于某些原因难免犯错误。作为校长，不能对其另眼相待，应该主动接近他热情地帮助他，帮他分析原因，指明前进方向。更重要的是，要和他交朋友，针对其专长，放手大胆地使用他。若能这样宽以待人，犯错误者定会"士为知己者死"。

四、能容纳自我

校长是一校之长，是学校的最高行政长官，校长的一言一行、一举一动都处在师生的严密监督之下，并且最容易引起师生模仿：校长能在人格、品德和作风上严格要求自己为人师表，那么就对全校师生的人格、品德产生潜移默化的积极影响。因此，校长应该把自己当作人民的公仆，廉洁奉公，遵纪守法，身先士卒，为人师表。总之，要当好一名校长，除应具备丰富的专业知识和过硬的业务能力、良好的政治素质外还要有宽广的胸怀。只有这样，校长才具有吸引力、凝聚力，才能广纳贤才把学校治好、管好。

参加学校校本教研综合科教研活动的感悟

——体育教学在培养学生心理素质教育中的
两个突出作用

昨天，学校开展校本教研活动，我听了一节体育课，并参加综合科的座谈会。我想就体育教育如何培养学生心理素质教育谈谈自己的感悟。体育教学在应试教育时期被作为"副科教学"，在一些学校里若有若无，很难显示其作用如何。当今实施素质教育后，体育教学被广泛重视起来。随着素质教育的向前推进，体育教学的作用也愈显重要，尤其是体育教学的基础功能和培养学生创新能力方面，在素质教育中的重要作用更显突出。

一、体育教学的基础功能

首先是强身壮体。常言说："人以身体为本。"具有健康体质的人才能更好地发展。现在学校实施素质教育，重视并加强了学生的体育素质教育，经常正确地对学生进行体育锻炼，无论对小学生生理器官功能的健全，还是对中学生青春期生理器官功能成熟，都至关重要。

其次是心理作用。体育教学对学生的心理作用贯穿于学校体育教学的全过程。概括起来说，经常正确地对学生进行体育锻炼，可提高学生思维的敏捷性及准确的预测和判断能力，培养学生高度的注意力。清晰的肌肉运动感觉有助于培养学生精确的空间定向和时间判定能力，以及稳定的情绪状态。同时，在体育教学中要求学生具备勇敢、顽强、果断等意志品质，还可以促进学生心理承受能力、适应能力、竞争能力和组织能力的提高。

第三，对思想品质影响。体育教学对思想品质的影响作用是具体的、生动形象的，这是由体育项目的特点和共同的竞技特征所决定的。例如，体操教学的"保护与帮助"深含互相关心，团结友爱的品德教育，集体主义精神和团结协作精神在球类集体项目中也能得到充分体现。

第四，促进其他学科的学习。积极开展体育教学，学生的灵活、机智、果断、注意等心理素质会得到针对性的训练和提高，而学生的这些心理素质对其他学科的学习无疑具有促进作用。生理学研究表明：学生在运动中，大脑皮层的优势兴奋中心会有规律地向运动中枢转移，主管其他学科学习的中枢由兴奋转为抑制，这暂时的抑制可使疲劳的大脑获得积极性的休息，促进人脑清醒、思维敏捷。

二、培养学生创新能力

学校实施素质教育的实质是培养学生创新能力，而体育教学在这方面具有独特的优势。

1. 创新的动力——兴趣

绝大多数学生对体育有浓厚的兴趣，这不仅取决于体育教学的主要内容，还取决于体育教学的自身规律。体育教学的主要内容是体育活动，这正符合孩子们生来就有的好动天性。体育教学自身的规律是让学生在玩中学到有益的知识，让学生的学习在有趣的玩中进行，以至学生都大汗淋漓还乐此不疲。学生浓厚的体育兴趣，又激发学生对体育活动多思、深思，由会练、爱练到熟中生巧，从而表现出惊人的创新能力。

2. 体育创新的三要素——活动性、主动性、民主性

体育课堂教学没有也不可能有"满堂灌"的现象，而是明显确立了学生的主体地位，留有充分的时间让学生进行活动。在学生活动的过程中，有教师的亲身示范和亲手指导，有学生自身的体验和领会动作要领的自由，也有学生想象与创新的更大机会，每一位学生的自尊与权力得到了应有的尊重。师生间建立起的是民主、和谐、融洽的关系，在具有活动性、主体性，民主性的体育教学课堂里，学生的能力得到充分的发挥，创新精神能得到充分的展现。

3. 创新核心——竞争

竞争性是体育教学的最大特点，从学习角度来说，"没有竞争就没有创新"。因此，体育教学的竞争性特点是培养学生创新能力最有利的条件。从小学体育教学开始，教师在每堂体育课里对学生的能力要求、学生间技能表现差别的刺激，无不使每位学生的心理产生竞争的意识，闪现着创新思想，并且随着年级的升高，这种意识和思想会越来越强烈，越来越突现，越来越扩展到更多的学科上去。

总之，体育教学全面的基础功能和培养学生创新能力的优越条件，成为培养学生心理素质教育的基石和窗口，在素质教育中起着突出的重要作用。

创建无"差生"理念，但求个个培养成才

素质教育喊了好些个年头，但是我们的教学工作依然没有脱下套在教师手脚上的应试教育的桎梏。在这种教育理念的支配下，学校工作尤其是班级管理工作往往忽略了学生的思想品德教育，往往以分数高低来评价学生，唯追求升学率。结果越是放松思想品德教育，校风越上不来，学风也自然上不来。教育陷入迷茫，甚至混沌状态。

我们今天的教育与旧中国任何时期的教育都有本质的区别。旧式教育推行的是"学而优则仕"，其宗旨是"读书做官"，尤其科举制度害了不少人。例如范进累举不进，后来一试而中了举，居然发疯了，例如孔乙己腹中徒有诗书却成了四体不勤的白脸书生，以致丧失了谋生能力。这都是深受科举教育之害的典型案例。我们今天的教育的根本目标是"培养有社会主义觉悟，有文化的劳动者"。而且今天我们实行了义务教育，每个国民都必须享受义务教育，成为有思想有文化的劳动者。如果经过教育个个都"仕"了，没"仕"的也四肢不勤，那我们这个社会怎么得了？

可以这么说，应试教育实则是"学而优则仕"封建教育理念的翻版。由于应试教育阴魂般缠着教育管理者与教师，所以各学校往往有一群学生被老师认定为"差生"，甚至觉得不可类教。于是冷眼与呵斥差生者，有之。差生者则认为自己反正不被老师

看得上眼，索性破罐子破摔，做个混世魔王，甚至明里暗里专与老师对着干。老师有老师的招数，于是没有开除学生的法则，那就来个"劝退"或"劝转"，把学生退回到家里，劝学生由甲校转到乙校去。最终把差生逼到了校外，酿成了社会问题。诚然，学生个体的思想表现与学业成绩确实存在差异，这种差异的形成原因很复杂。有的是父母本身就思想素质与文化素质低下，学生在家庭里从小便没能受到良好的养成教育，就像在盐碱地上很难长出壮苗。有的学生来自父母离异家庭，他们在这样的家庭里内心苦闷、情绪低落、看不到前景、丧失了希望、迷失了方向，于是摔"破罐子"。有的小小年纪父母双亡或单亡，少人管教或引导，也思想与学业一度一落千丈，逐渐消沉。

我们班有位学生先前还是班长，父亲因病亡故后，便觉得希望无存，学而无望，便松懈了学业。这时我便给他争取国家助学金，又走访了他家的亲友，发起资助。他的后顾之忧解决了，生活有了着落，学习的火焰又扑腾起来了，最后以优异成绩考取了长沙国防科大。有的因父母长年外出务工，由祖父辈管看着，或溺爱，或缺乏管教，或管教不得法，养成诸多不良习惯。有的因受社会不良影响，或交友不慎而小小年纪不思上进，成了"坏孩子"。有的也因先天智力障碍，而大脑难得开化，学无长进。有的生来就性格异常，或暴躁或孤僻。三字经里说，人之初，性本善。其实，亦非尽然。生性暴怒劣根者，有之。总之，由于人的出生以及出生后的成长环境差异很大，学生中差生确实存在。问题是我们教师应当抱着一种积极的态度去做辛苦的努力，促进这些学生完成由差向优的转化。这是教育工作者的责任与使命。不然，人们送子入校干什么？

美国有部动画片《黑猫警长》里那真真切切的猫经过人的驯

化可以戴上警帽进行全程表演，活生生地上演了黑猫警长。动物能驯化，人为什么不能教化？即便是智障人，总比动物的智力要强吧。"差生"着实差了点，可是人呀，怎么教导不成呢？

关于"差"，也有诸多种情形。有的思想表现暂差，但成绩不差。或傲慢或责任心不强或与同学相处不谐或自尊心过强，受不得一丝挫折，这类学生容易与老师形成对立。有的思想表现较好，但成绩较差。关心同学，热爱班集体，常常做些好事，但成绩上不来，上课时注意力不集中，作业也拖欠，越学越被动。有的思想表现差，成绩也差。往往爱搞些恶作剧，通过恶作剧赢得好些人喝彩。例如揪女生一把头发，将甲生的书故意塞到乙书的书包里，将写了调侃字句的纸条悄悄粘到某生的背上，等等。搞得不时集体里发生口角，生出是非，于是一波矛盾未息，一波意见又生。大错不犯，小错不断，弄得老师奈何不得。

老师对待所谓差生，首先应当心无"差生"。一娘生九子，九子不像娘。教师不应当用一把标尺来衡量学生，要根据不同学生的特质，施以不同的教育标准与采用不同的教育方法。一个成熟的教师，应当视生如子，赋予暂差生真诚的爱。爱是酵母会酝酿出改变学生不良习惯的暖心的酒，爱是养料会浇培出苗壮的苗。如果赋予这类学生偏见与冷漠，动辄呵斥、嘲讽与冷落，势必形成师生情感对立，抵触老师的教育。这样的教育，其结果必然是十分糟糕的。

教师对学生心中有爱，便会将差生引为自己的朋友。老师要了解自己学生"差"的原因，如果学生缺乏家庭温暖，我们便给予温暖。如果学生身体欠佳，我们便给予关爱。如果学生家庭经济不济，我们便设法给予接济。如果学生渴望信任，我们便给予信任。如果学生渴望表扬，我们便给予鼓励。恰当而适时的鼓励是久旱甘霖，润物无声却有情。总之，要找到学生"差"的原因，加以分析与梳理，对"症"施治。

当今社会离婚率居高不下，这给许多未成年学生带来精神的创伤，带来生存的无所依邦，客观上给学校带来学生教育与管理上的难度。对于这类学生我们老师应当给予人文的关爱，给予心灵的抚慰，鼓励他们自立自强，做好自我，刻苦学习，强大自我。鼓励他们做命运的主人，这样才可能促进一个破碎家庭的复活，而不是甘愿沉沦，让生活走向阴暗。由于改革开放的推进，沿海工业发展迅猛，广大偏远农村的农人已经走出了土地，走向了城市或发达地区的工厂，成为实业工人。我国已经实现了由农业国向工业国的转向。因此，中青年农民不得不丢下稚子，背上包袱远到城镇务工。这就形成了留守儿童这么一个庞大的群体。这个群体由幼儿到高中，几乎都在爷爷奶奶身边成长。他们缺失了母爱，他们缺失了应有的人文关怀。他们的心理发展往往也缺失，生活放任，纪律松散，缺少进取心。学校行政与老师应当密切关注这么一个势态，通过班会活动、课余活动、文艺晚会等多种形式引领他们融入这些活动，鼓励他们会打球的打球，会唱歌的唱歌，会写板报的编写板报，会跳舞的跳舞。班委会与团支部成员与这些"差生"结成对子，实行一帮一，一对红。学业成绩好的帮助学习成绩差的，实现全班学生一齐提升学业成绩。班主任要建立暂差生档案，了解这些学生暂差的原因，或源于父母离异，或源于祖父辈溺爱，或源于交上顽劣朋友，或源于曾经老师批评不当，或源于生性的执拗与孤僻。总之事出有因，因则有异。要根据学生个体的特性，分别采取不同的教育手段与模式。精诚所至，金石为开，教师对于差生赋予了温暖、真诚、挚爱，便会完成由差到优的转化。老师还要针对不同的学生制定不同的要求与目标。例如一个学生原来数学历次考试都未曾及格，你要求他一步提升到考一百分，这是难以做到的。下一次考试比上一次考试提高几分，一步步提升成绩就不错了，就有了前进的希望。一个经常旷课的学生，能不随意旷课，坚持坐在教室里听课就不错了。下一步再提出上课不要瞌睡的要求，再下步提出要做笔记的要求。这样一步一步引领差生向好的方面努力。教师要善于发现差生的点滴进步，并且公开地给予表扬与肯定。及时的鼓励与表扬是学生进步的助燃剂。

有一种状态，应当引起老师去反思。学生毕业后，数十年还对老师没齿不忘，时时记起的往往是那些由差转优的学生。为何？因为他们随着年岁的增长，他们越成熟就越体会到老师当年的苦心，体会到老师对于自己的真爱，他们视老师为恩人，为人生路上亮起的航灯，为父母至亲。所以为人师者，要明白师者的最高荣誉不是眼前的一纸奖状，不是眼下的一次晋职，而是默默地耕耘自己的园地，培育了一棵棵曾经遭虫侵蚀的幼苗，培育了一朵朵缺乏了营养而呈现萎靡的花朵。待到苗儿茁壮时，花朵艳放时，他才能从心底涌动起辛劳后的幸福与甜蜜。那座矗立在学生们心中的对于老师敬重的丰碑历经岁月的洗涤才越发闪亮。

作为谋生的职业，当一名老师不难。作为神圣的事业，当一名老师不易，尤其做一名富有爱心与匠心，心无"差生"的老师，更不易。我们的老师应当心树"无差生"的旗帜，用爱去艺术地编织自己的为师锦缎，不求自己所教学生人人成才，力求自己所教学生个个成人。

也说养成教育

教养这个词很雅，在人们生活中使用的频率蛮高。识字的人会用，不识字的人也会用。如果你的语言或行为太俗气，譬如说吃饭把手抵在桌面撑着个下巴，打屁故意蓄足力气憋出那响声震得帘子都要晃起来，便连老太太都嘟哝你没教养。可见教养的意思好理解，指的是因受教育养成的优良品质和习惯。现代汉语词典里将教养解释为一般文化和品德的修养。这么说教养与读书有关。应当说一个人读书多了便有教养。而也有那么些读了不少书的人却并不显见有教养。譬如说，那些瘦肉精那些激素鸡，应当是读了许多书的人搞出来的吧。这能说这些读书人有优良品质的修养？还有些读书人伶牙俐齿，不得理不饶人，得了理更不饶人，斤斤计较，小肚鸡肠，言无遮掩。两口子吵架也不选场合，大庭广众，互相揭"私"，连内裤的事也抖出来，羞了自己不打紧，还让听客脸红到了耳根。这也称得上有教养？读了许多书却怎的没教养呢，这是因为有些人把读书和做人割裂开了，没把书里的东西去滋养自己的灵魂。这就好比一个人不停地去吃了许多好东西，但在胃里肠里打了个转便变成粪便排了出去，于是仍然骨瘦如柴，面黄肌瘦的。而有些人并没读多少书，却言语得体，行为有格。当然这不能做否定读书的证据。

一个人良好的教养的形成至少有三个途径。一是受过系统的文化教育。旧中国我们中国农民十个有九个是文盲。乡里有句广为流传的话，说三代不读书就会变成猪。实际上旧时城里乡下连续五代没个读书人的家庭多的是，猪自然没变成，愚昧落后倒实存。但中国农民憨厚勤劳本分守节，可见很有教养的含量。新中国成立后，党和政府致力发展教育，到今天已经普及了中学教育，大学生在人口中的占比已达百分之四强。养成教育渗透至各学科，国民教育的发展大大推进了社会文明。尤其中国共青团 20 世纪80 年代开展"五讲四美三热爱"以后，全国文明程度日益提升。可见国民教养程度的提升赖以文化教育打底子。二是家庭的教育与影响是烘焙教养面包的烤箱与燃料。家长的言传身教是养成教育的催化剂。人们常说有其父必有其子，又说花猪婆产花猪崽。这话实在很贬，但细思索，却道明了父母对于子女的教育与影响多么大。为人父母怎能不检点自己的言行，引导与影响孩子向上向善呢？教养好比一块璞玉，须细细打磨；教养好比一柱坚冰，非一日之寒凝成，教养好比一股细流，涓涓润土。一个人的教养是在一个特定的家庭环境里在长辈潜移默化地长期的影响下形成的，这又如同面包渗了酵母然后细心烘烤才自然地散发香气。教养的香气不是着附在肌肤上，而是萌生在骨髓里。教养不是敷在脸上的雪花膏，而是浸润内腔的血液。这教养才经得起岁月之水的冲刷和考验，才具有折服人的力量。因此，每一个为人父母者应当慎言谨行，有教养地说好每一句话，发生每一个行为，做好每一个表情。这样才能培养出有教养的一代。三是社会环境的影响。人，走出家庭便融入社会。如果整个社会文明程度高，人人"五讲四美"，处处和谐仁爱，那么教养的雨露与清风必滋养出文明之花，这个社会必然是一个有教养的社会。

教养是一切好习惯的总和，林林总总地囊括人们做人行事的方方面面。

譬如，轻声细语。与人言语，首先要耐心倾听言者言谈，这是对言者的尊重。自己言话，要和颜悦色，语调平和如流风。即便遇上观点与意见相悖，也应轻声辩论。因为理是说明白的，不是嚷明白的。无论在何种氛围里都要记得应用谢谢和对不起的礼貌语。即便与自己的敌人说话，或者你是法官对囚犯说话，也请言语文明与温暖。因为敌人与囚犯也是人，也需要尊重。尊重如阳，可以融冰。

譬如，站有站相，坐有坐姿。这最能看出一个人的教养程度。你看中央台那些女主播她们坐着时两膝一般是并拢的，这叫文雅。哪像有些女人一落座便两腿胯开出一个大八字，这便让人生发许多联想，说重些这简直大有不检点之嫌。

譬如，守时守信。有教养的人不轻易迟到，开会迟到上班迟到约会迟到，除了误会误事外，是对主持者的随意。

譬如，谦恭和逊。这是高境界的修为。大凡学问逾高深者逾谦恭，他们知之逾多越自知不足。倒是那半桶水，淌得厉害，那井底之蛙更自觉那四角天空之大。哪天你谦恭起来了，你的教养自修有八成了。

譬如，不枉评判。往往有些人言必评他人长短，似乎不议不评便没有了话题。殊不知个人评判往往颇具主观性与片面性。常言说墙有风壁有耳，不中听的话传到当事人耳朵里，生出许多枝枝节节来，伤了和气，疏离了关系。这就生出另一个问题，听人评判者别轻易传话。这传话呢，往往多一字少一字，甚至声调与语气不同，说话的本意便走了样，于是生出烦心的事端来。这些都是少了教养生出的尾非。

譬如，节怒抑怨。生活中往往有许多事不尽人意，生出许多怨愤与怒气，如同天不恒朗日，偶有阴霾，道不恒笔直，总呈曲弯。这时心积不爽，怒溢脸面，大失儒雅，甚而施诸言行，颇有失态。我们常说宰相肚里能撑船，遇上这节点便要学会压抑自己的情绪，将怒火掐灭于心，以宽容豁达之沧浪涤荡自己的胸怀。等到内心清风徐来，心气平和的时候再与人言事，这样便既能将话说得明白，事办得稳妥，又不伤了与人的和气。人能修炼到此成分，便绽了一朵教养的鲜花。

譬如，应具同情心。富于同情心，是人性之本。常言道，将心比心。孔子言，己所不欲，勿施于人。有了同情心，便难生发伤天害理之举，难说出幸灾乐祸之言，在他人遇到某种不幸之时，便能尽量给予宽慰与支持。有了这教养，便让你跟别人不一样。

譬如，应具畏惧心。这里说的畏惧心，是说要知道世界上有些不可逾越的界限，不可藐视之与践踏之。大自然要畏惧之，乱砍伐乱采掘，无节制地侵扰地球的肌体，势必遭到大自然的报复；国家法度要畏惧之，无视法纪，可能惹来牢狱之灾，甚至毁身之祸。你的骨髓有了这畏惧的元素，便难得滋长出大逆不道的毒瘤来了。

譬如，应富敬重心。敬重什么？敬重历史与现实中一切伟大的科学的发现，是历代的不断发现与发明推动人类的文明与进步；敬重历代伟大的人物与这些人物所表现的伟大人格，敬重人类的种种优秀品质，诸如忠诚勇敢信任勤勉互助仁爱坚贞等，而不是贬戮与嘲讽。这样你便能仰视高山与宇宙，便能心中有做人行事的高碑，便能涵养一颗谦恭的心。人的心谦恭了，便能大海容物，教养之树也就滋长了。

譬如，应心怀远方，不拘苟利。有些人往往心情苦闷，缘于患得患失，心存近忧。何不登峰远瞩，目极千里？这时你必心中涌丘壑，低谷有出口，胸弋航船，目驰大象。情绪好了，何患无德无节无教养？

教养与先天无关，是后天家庭和社会教化的产物，不具遗传性。教养跟贫富也无关。头等舱上与高雅楼堂馆所的"绅士"中也有没教养的人，偏远乡野的田埂上的农人也懂得礼义廉耻。教养是衡量一个民族整体素质的 X 光片子。我们国家先前开展的"五讲四美"活动，后来开展的"八荣八耻"教育，现在倡导的 24字社会主义核心价值观，其实都涵载了教养的内核，其认识层面比一般概念的教养更深刻更具思想性。社会的教养程度越高，文明的程度就越高。从个体而言，一个人有教养，会让周围的人如沐春风。反之，即便你颜值再高，拿着博士学位，缀金戴玉，也会让人吐唾沫。任何人不论多么博学，只要他的才学和修为之间存在着一段不可架梁的距离，就称不上是有教养的人。因此，人们要努力锻造这三个品质：不断积累知识、养成思维的习惯、陶冶高尚的情操。这知识既指书上的东西，也指生活的经验。知识不多，就是愚昧。要善于思索，一日三省，方能"过则无惮改"，去除粗鲁和愚笨。心中有分寸，言行有尺度，注意尊重他人，讲究平等与包容，高尚的情操自然形成，鄙陋与庸俗则无存。

教养，小而言之是一张个人的名片，大而言之也是一个民族的名片。我们的民族是一个讲礼仪的民族，我们应当经常用老祖宗的传统礼仪与优秀文化的洗涤剂时时擦拭我们的这张名片。

与数学老师漫谈素质教育

——在数学研讨会上的发言

数学这门科学在人们生产生活中应用广泛。可以这么说，一切自然科学都是在数学科学的基础上发展起来的。数学是研究一切科学的工具。人类从打结计数到中国古老的《周髀算经》成书，自公元前三百年便奠定了算术学科的雏形。历史文化的发展进程中，数学的研究与应用的脚步一刻也没停止。数学领域的巨匠们毕一生精力研究数学，也没揭开数学之谜。陈景润演算了一大叠又一大叠纸，只计算出 1+1 ＝ 2，回答了哥德巴赫的猜想。自然无穷，对于数学的研究亦无穷。我们数学老师的任务是把前人研究的数学成果传授给学生，开启学生的数学之魂。在社会已进入信息时代，学习与掌握基础的数学知识显得尤为重要。

一、数学教师应具备的数学素质

数学教师要引领学生走进数学的莽原，去探究数学的奥秘，揭开数学的面纱，了解数学的原理、公式、定义、法则，首先自己对于数学有着深入的研究，具备多方面的数学素质。

1. 具有牢实的数学专业知识

（1）基本了解数学历史发展进程，各个历史时期数学家们对于数学研究的成果与进展，数学研究的已知与未知，困惑与前景。

（2）熟练掌握原理与概念。数学这门学科不同学段的难易程度不同，一个概念与一个概念之间有着严密的由易到难由低到高的内在联系。譬如，一元一次方程没弄懂，就无法学习一元二次方程。数学思维的特点严谨、紧凑、抽象，教师应当遵循这些特点去施以教学。数学思维的基本步骤，一般是审题→假设→建模→推理→结论→解释。数学老师应当熟化解题步骤，在教学过程中引领学生掌握这些规律。

（3）学习数学的目的，是以数学的观念去应对生产与生活。数学教师要"三句不离本行"地将数字契入生活之中，在实践中去发现数学，应用数学，启示学生原来数学在生产与生活中无处不存，从而认识学习数学的重要意义。

2. 数学教师应当具有娴熟的课堂驾驭技能

各门学科具有不同的特点，教师应当根据自己所教学科特点，摸索出特有的教法。

（1）语文篇目中的文学作品具有情节性、故事性，因而富有趣味性。而数学其语音富有逻辑的严谨性、抽象性。教师应当锤炼自己的课堂语言，使语言富有简洁性精准性。如数学中的"除"与"除以"，一字之差，表意相悖千里。当然在实际教学中可插入一些化抽象为形象，化笼统为具体的比喻，增强表意的直观性，表述的幽默性与趣味性。

（2）在已实现信息化的今天，数字涵盖了各个领域，数学教师应当熟练掌握多媒体技术。定义、定律的归纳，题意的理解，善于借助媒体，化抽象为形象，化文意为图像，增强直观性与物象性，以扩充教学容量，帮助学生完整准确地理解数学的原理、定义等概念。

（3）数学教学的程序设置，要力避单调与死板。讨论式、演示式、自读式等多种教学模式可根据不同的教学内容灵活地变换使用。对于难于理解的概念可先由学生审视例题，互相展开讨论，教师在这基础上适当加以点拨，往往起到柳暗花明、点石成金的效果。对于应用题的审视，教师可以故弄玄虚地设置几种错误的思路，引发学生思维，故意引领学生去否定错误的思维，然后去寻求正确的解题方式。对于数学概念，往往需要解答不同角度的应用题去熟化。教师要具有根据生产、生活中的数学应用现象去编制应用题，让应用题贴近学生生活，从而领悟数学在实际中的广泛应用。

（4）学生个体对于数学的敏感度与理解力是有差异的。在教学中要，教师要认识这种客观存在的差异，既注意培优，又注重辅差。以优带差，以优辅差。让优生做好领头羊，引领暂差生一同提升。对于差生要耐心而力避急躁，要多鼓励而力避嘲讽。这样才能整体提高学生的数学水平。

3. 注重创新，勇于跳出传统教学的桎梏，形成自己新颖而独特的教学风格

语言的表述要不断揣摩与锤炼，诸如表述的情感，表述的节奏，都要细细揣摩。语言平淡，难让学生领悟重点；语速太快，没给学生留下思维的空间；语言赘絮，绕弯太多，表意不得要领。

教学程序的设置要紧凑而不松散，鲜活而不呆板，多样而不单调。这种如同一种菜不要局于一种煮法，或炒或炖或榨或蒸或汆，变换着花样，才口味常新。教学亦然。切准疑点之脉，把握传授之法，才能将课上出艺术。到了这程度，你便堪称教学的工匠师了。

二、常规化地开展数学教研活动，整体提高数学教学水平

教学活动似乎是教师的个体活动。其实不然。他像拔河，一科的教师同握这个科目的大绳在拉，要同一目标同一方向，一齐用力，才能取胜。因此，要一齐不断切磋教学方法。

互相多听课，听后评议，议中比较，比出教的巧处，比出教的失误。经验与技巧是在比中成长的。学校要有计划地安排示范课、竞赛课、比较课、研讨课等，用解剖麻雀的方法，大家一起解剖一堂课，研究每一个教学环节，从宏观到微观分析每个环节的得失与优劣，筛选出最佳的教学方案。教学中同一概念教学，由不同教师授课，往往学生的反映则不同。说某某老师的课好懂，某某老师的课云里雾里，不好捉摸。

为何？因为教师个体对于课堂操作的技术与艺术存有差异。所以经常地开展听课与评课活动，提升教师的教学艺术水平是很有必要的。数学课程是学习其他理科课程的工具，是开发学生智力的基础课程。它是各门类考试的公共必考课程。数学老师要加强数学专业知识与课堂传授技能的提升，力争每一堂课都可垂范。

语文老师应有的素质

——语文研讨会上漫谈

　　语文课是各类各级学校都要开设的公共课，语文是启开各门类学科知识的钥匙，文字是记录各门类学科知识的载体，而语言是人们进行内心表述，情感交流的重要工具。当一名语文老师是神圣的快乐的幸福的。当好一名语文老师却不容易。一名语文老师应该具有诸方面的基本素质。

　　首先，应当具有语言文字的专业基本功。不然何以传道、授业、解惑？常言道，打铁先得本身硬。又说，要予学生一滴水，自己先有一杯水。这就要求语文老师不断钻研专业知识，扩充自己的知识储备，拓宽自己的知识视野，娴熟自己的课堂授课技能。

　　要有良好的语言表达能力。语言是思想的外壳，语言表达的层次性逻辑性，来自严谨的思维，要打好腹稿。这样说起话来才有顺序，如流水无缝，如天衣无痕。一般思维清晰了，表达起来不至于前言不搭后语，不至于杂乱无章。思想情感的喜怒哀乐，通过语言的抑扬顿挫来传达。语言的表述要如海的平静无痕，浪的起伏喧啸，滩的湍急急泻。这才能撼动听者的心灵，引发情感的共鸣。中国是个多民族的国家，各民族因地域不同和历史久远而形成不同的小语种。这既是中国文化灿烂的一面，同时给予人们交流创设了许多障碍。因此，语文老师要掌握标准的普通话，力求达到国家规定的普通话二级甲等。一名语文老师满嘴方言，说几句普通话也是陕西骡子变马叫，那是不可思议的。

要有扎实的语言文字基本功。这包括诸多要素。譬如要准备掌握汉语拼音知识。拼音书写的规则，发音的规则，拼读的规则，要依汉语拼音方案应用。譬如要理解汉语的语言法则。从字的构成到词的构成，从词到句子组合的法则，从单句到复句以及复句的种类以及相互的联系与区别，等等。这就要求语文老师不仅要从语感、语言习惯上去领域语言，而且要摸清语言组合的规律与法则，从理性高度上去认识语言。这叫知其然，且知其所以然。如同医生治病不仅要会处方，而且要分析药理与病理，才能辨证施治。譬如要掌握常用的一些修辞格。所谓修辞即修饰语言的方法。房子的粗坯可以住了，但不经装饰住起来总觉不舒服。语言也是这样，粗糙了，不经修饰便不能打动人，不能悦耳，还影响情感的形象表达。譬如应当懂得文体知识。整个文章大致分为三大类，记叙、说明、议论。各类又分门别类，分化成许多小类。语文教师应当能娴熟地辨明文体，把握各类文体的基本特点以及它们的相同与不同。

譬如语文教师应当懂得写作知识。一切文章无非运用记叙、议论、说明，还有描写、抒情等几种表达方式。语文老师应当能恰当运用各种语言手段，让人的思维活动借以文字呈现于纸。这就是文章。一名到了家的语文老师，几十年教学长河中应当随时练笔，写就一二本文集。一个语文老师不懂写作，连写一个述职写一个总结也开笔不成，靠到网上下载几段文字去拼凑。这是不可思议的。语文老师引领学生去赏析文本大抵是做评价的事，好比酒师品酒，食客品菜。但这不是师与生学习文本的目的，真正的目的是通过赏析范本，领会写作的要义，从而写成自己的文章。就是说既做"食客"，又做"厨师"，既做"品酒师"，又做酿酒师。同时要扩大自己的识字量。字的读音要准确，书写要正确，运用要切句。建议语文老师要通读现代汉语词典与成语词典，忽略冷僻字，掌握常用字的音、形、义。能准确掌握汉字四千以上。这个要求不高，新华字典收录的汉字便达八千字。譬如应当阅读并梳理古代文学与现代文学，涉猎经典外国文学。历史上任何一个历史时期的文学便是一盘文化大餐，这个时期的文化是相互融会的相互影响的，文人们以自己的心血与热情创造了这个时期的文化主题与宝塔，涵养了这个时期的政治、经济、民俗、人民的期待与追求。试想一名语文老师不淌过历史的悠远的文学之流，怎能引领学生领略文学与文化的今天而自由豪迈地走向未来？在了解与语文相关的一切知识的同时还要研究历史，因为一切语文所含的人物与事件都不是孤立存在的，都是在一个特定的历史时期的特定背景下发生的。离开某个特定的历史背景，我们便无从理解与把握作品的主题。我们常说文史不分家，说的就是这层道理。

　　语文教师还要有过硬的写字的基本功。师范类学生在校攻读专业时，一般要求"三字"过关，即粉笔字、毛笔字、钢笔字要过关。旧时的国文老师他们都很娴熟，一般《古文观止》里的篇目都读得滚瓜烂熟，从发蒙起便手执毛笔，先学握笔，然后学画圆圈，再练笔画。读了个私塾，便能写出一手赏心悦目的毛笔字，称得上一个或半个书法家。那不是他们生就了书法家，而是他们练字自幼时始，有童子功夫，受了先生的戒律。今天我们做了语文老师便要补上这一课，自觉地由临帖到脱帖，练出一手好书法。如果一名语文教师写笔字如同鸡爪觅食似的，乱一划，难看死了，那是有羞脸面的。常言说，字乃人之衣冠。可见练就一手好书法多么重要。如果一名语文老师写出的字上不了墙，过不了人眼，又怎么指导与要求学生练习书写呢？尤其在电脑普及的时代，实行无纸办公，文字书写都被键盘代替了，连老师的教案也敲在电脑里。在这种大背景下，语文老师更要把写字当成一回事，刻意地去练习书法。这是我们老祖宗留下来的艺术瑰宝，丢之不得。

其次，一名语文老师要有深厚的内在情感底蕴。语文老师应当具有一颗热爱民族、热爱祖国、热爱人民、热爱中国共产党的心。这些元素铸就他的灵魂他的筋骨。我们中华灿烂的文化的每一个篇章，字里行间都渗透着这些个主题。语文老师如果不锻铸这么一颗心，怎样读懂投汨罗江的屈原？怎么读懂诸葛亮的《出师表》？怎能读懂力举变革的王安石？怎能读懂砍头不要紧的夏明汉？一句话，怎能理解这些星汉般闪烁在各个历史阶段洋溢着血火般信仰的篇章！语文老师应当对自然对生活对祖国山河充满着挚深的爱。老师的血管里流淌着这种爱的液体，才能去领略杜甫、李白诗文中的浪漫主义与现实主义，领略朱自清笔下的《绿》与《荷塘月色》，领略畅写火红建设的弘篇《夜走灵官峡》。语文老师还应具有刚正不阿、可沉可浮、不惧邪恶、追求真理的气质，不然你也难以理解《刑场上的婚礼》《狱中杂诗》等名篇。有句话说："要演革命戏，先做革命人。"我说，要为人之师，先铸进步魂。这样一名语文老师才可能引领自己的学生走进语文文本的篇章，积极地进步地去理解篇目里所蕴含的主义与信仰。通过语文的学习去学生的思想境界推向一个更高的层面。

语文老师应当感情丰富，在教学的全程，他是一名导演，又是一名演员。随着情节的变化其情感也随之变化，或笑或哭，或起或伏，或喜或悲，或高亢或沉吟地将自己内心情感的浪潮荡漾课堂，感染学生，熏陶学生，激发学生。语文老师要富有匠心。

要不断地琢磨教材与教法，精巧地设计自己的教程。诸如入题、板书、提问、表述等融入自己的心思，创造自己的花样，将课上出艺术，上出特色。"教有法，教无定法"，课堂教学研究的步伐一直未有停止，表明教学之法一直是教师们一个永恒的命题。上边提到了语文教学的最终目的是要能读会写。语文老师在引领学生写作时，自己也要"下水"，写出"下水范文"，在促进学生写的同时，自己也沉积了几百篇文章。这时自己将之归好类，结成集。于是有了自己的文集。我想，到了这地步，你应当是一名地道的语文大师了。

老师们，教与学是相长的。大家不要将老师当成一种职业，而要当成一种以一生奉之的事业来做。这样你的一生一定是收获颇丰的，事业是成功的，人生是有意义的。

农村中小学留守儿童的教育与管理浅述

随着我国改革开放的深入与发展，基本实现了由农业化向工业化的转型。农民不再死守改革开放之初分得的几亩土地生存，大批中青年农民涌入城市从事建筑业与走进工厂从事工业生产。这样，在广大农村便出现了留守儿童这个群体。2012 年全国留守儿童达 2200 万。2016 年全国留守儿童达 902 万。其中由祖（外）父辈监管的儿童 805 万，亲朋监管的儿童 30 万。无人监管的儿童 36 万，占 3.4%。这无人监管的儿童其学习与生活管理完全转交给了学校。造成这种状况一方面由于我国农业机械化程度低下，农民死守那点土地无法摆脱经济的贫困，不得不走向城市务工。一方面走进城市务工的农民文化普遍偏低，即便走入城市务工，劳动工资也普遍偏低，无经济能力带着子女到城市就读，同时社会未给农民工子女创设应有的学位。他们的子女不得不留在农村就读。这就给农村中小学带来了教育与管理上的难度与挑战。

一、农村中小学留守儿童的生存现状

1. 农村学校硬件设施偏差。学校食堂员工基本无财政编制的正式人员，未经过卫生、烹饪等方面的专业培训，从业道德与修养的素质也低下。因此食堂管理水平跟不上趟。住宿条件虽比二十世纪末有所改变，但学生仍然睡大铺与连铺，防蚊防鼠设施简陋，用水（尤其热水供应）也相对困难。如果实行五生一室，那么安全、卫生、纪律等方面管理都容易多了。可惜不具此宿舍条件。师资力量也不足。由于历年城镇学校经考试选调老师，一些思想与业务相对优秀的老师选调到了县城学校，农村中学老师相对年龄偏大，学历偏低，教育教学热情与研究精神相对滞后。

2.农村留守儿童大多2岁之后（有的半岁刚脱奶口），父母便走向了城市务工，滞留在祖（外）辈身边生活。祖（外）辈大多文化低下，只管儿孙一日三餐，无法或忽略施以智力开发、良好习惯培养等养成教育，或溺爱或冷漠或责骂，以致儿童长期缺失母爱，形成或孤僻或任性或狂躁的性格，以及自卑、敏感与散漫的状态。这是社会变革带来的阵痛。我们教育工作者以及政府部门的主事者必须冷静思考，采取切实可行的举措，给予解决问题的方法。不然社会经济上升了，而后代教育却下滑了。

二、目前学校对于留守儿童教育管理的举措

1.把留守儿童（少年）教育管理纳入学校整体管理的议事日程。学校要在校级行政会，班主任会，教师会上，大讲加强留守儿童（少年）管理的重要意义，献计献策，制定出可行的留守儿童管理方案。

2.各班主任要建立留守儿童（少年）管理卡。卡里要明确记载以下要素。

（1）家长务工的城市、务工的种类、劳酬收入、联系方式。

（2）学生的监管人的基本情况及联系方式。

（3）留守学生被留守的起始年龄与时间（年限）。

（4）留守学生的身体状况（先天性疾病、家族病史、慢性病史）等。

（5）学生学业成绩。

（6）尤其关注与记载无委托监管人的留守儿童的情况。

3. 各班级班主任建立本班留守儿童家长群，加强与家长联系，随时听取家长对于子弟管理的意见，向家长反馈子弟在校的思想学习情绪等方面的意见。凭借网络将学校与家长联为一体，改进班级管理，提升管理水平。

4. 学校制定出开展体育活动、文艺活动、课外阅读等的计划，让学生融入各项活动之中，培养留守儿童的课余爱好，发展个性特长，充实学生的课余生活。

5. 学校组建留守儿童之家。这个"家"由学校政教处生活辅导员兼管。负责联系安排周五与周日各方向往返留守学生的车次、司机、安全等事项。确保学生往返学校的安全。负责安排无监管人学生周日留校的食宿。让学生留校有安全感、依附感。

6. 配备一名心理辅导老师，随机对心理异常，如孤僻、焦虑等情绪的留守儿童进行心理抚慰与开导。让每个留守儿童心理健康地成长。

三、呼吁社会关注留守儿童（少年），净化留守儿童（少年）成长的环境

1. 整治学校周边的文化娱乐场所，如游戏室、网吧、歌厅等。

2. 加强学校治安管理，设置保安值守与公安点。严防社会闲杂人员，尤其村霸村痞窜入学校，干扰学校的正常教学秩序。

3. 鼓励外出务工的家长返乡创业与近处务工，力求留守学生群体缩小化。

4. 教育行政部门以及学校教师要与地方各级关委密切衔接与配合，办好"家长学校"，邀请五老进校园上好隔代教育课，提高爷爷辈管教孙辈的理论认识与管教技能。这是一个家校一体，

不可忽视的环节。

我国十一届三中全会之后实行改革开放，党的工作重心转到了抓经济建设，取得了举世瞩目的各项事业长足发展的伟大成就。农民涌入城市参与城市建设与从事工业生产。但是在这一进程中，农民工将子女留在乡村由祖父辈监管，形成了庞大的留守儿童这么一个特殊群体。我们教育行政主管部门与地方政府应当关注这个弱势群体，多方联动，出台相应的政策，优化留守儿童的接受教育以及生存的环境。这样才能保障我国农村孩子的健康成长，保证社会主义现代化建设持续地向前推进。

家校共育篇

家校共育和为贵

这段时间想得最多的是家校共育。作为教育的主体——学校，在学校教育过程中，理当起做主导的作用，承担起正面教育的责任和义务，这一点，是不容推卸的。

敢于承担责任，是一所学校，一个教师应有的品质。学生没教好，尽管有多种原因，首先是学校和老师没有尽职尽责。在我心里，没有教不好的学生，只有不会教的学校，只有不会教的老师。在这一点上，任何申诉都是强词夺理。也许有人还想找借口，为自己开脱：人上一百，形形色色，总会漏出不上道的个例。既然有路，至少前面走过很多脚，踏平了原本有的坎坷，谁不想让脚舒服一点，这是平常心态，故没道理指责学生，孩子没有一个是生出来就想往坏里学的，是学校和老师没有走进孩子的心里。

孩子没学好，家长脱不了干系，这话，学校和老师不能说，不好说，不便说。家长是孩子的第一任老师，有什么样的家长，就可能有什么样的孩子（当然也有例外的），不止一回阐述建构家庭文化的重要性，谁也无法否认：没有文化的家庭是走不远的家庭。校园文化，也是家庭文化，包含一个个学生的家庭文化。孩子们学会读书，学会做事，学会做人，是学校、老师和家庭共同完成的大课题，这正是家校共建的师出有名。

作为学校和老师，要致力于做更好的自己，给孩子们做榜样。

要晓得，榜样的力量是无穷的。家长配合学校教育，我们倡导做更好的家长，发挥身教的巨大能量，这或许会影响孩子的一生。

家校共育，就是学校、家庭、老师、学生成为教育的共同体，形成在教育中成长，在教育中成熟的教育模式。一句话，孩子们的成长，离不开学校，离不开老师，一样的道理，学校教育，离不开家长的配合，离不开家长的支持。家校共育的篇章，需要每一个家庭成员倾注智慧，劳心劳力，合力建树。

家校共育期望高

很荣幸参加了家长会，在这样的场合发言，还是第一次，我会珍惜这个机会，珍惜与大家一道做大"家校共育"这篇大文章。

三个期望：期望全体家长心往一处想，劲往一处使，同心同德，形成合力，共谋孩子成长；期望全体家长与学校、老师融为一体，内外齐心，同步运行，合节合拍；期望我自己，尊重学校和老师，善待学校和老师，多出主意，多想办法，把学校教育当成自己的家庭教育，以主人翁的姿态，配合学校，助力孩子们的健康成长。

家长们要将心比心，换位思考，要善于站在学校和老师的角度思考问题，在工作上要大力支持，在教育上要倾心配合，在态度上要互相尊重。

我这个人不会说话，不善说话。做家长的，不要认为，把孩子交到了学校，一切都是学校的事了，我们都是过来人，老婆是自己找的，孩子是自己养的。老婆是什么样的人，自己心里有数，孩子是什么样的人，自己心里有底。因为孩子们都是父母的复制品，在座的，和不在座的家长，我们和老师们一样，都是持证上岗的老师，我们有责任和义务，与学校和老师们一道，继续履行对孩子进行全方位教育的职责。

我想代表家长们在这里表一个态，也算是作为家长的承诺。

要教育孩子从小立志，越是有知识有文化的人，越讲境界，虚怀若谷，谦虚待人，并且志向远大，为祖国，为湖南，为家庭，为人民志存高远，这种志向从小要对孩子进行引导，因为家长的话肯定会影响孩子一辈子。

要教育孩子学会感恩，要让孩子感谢父母，感谢老师，感谢学校，感谢社会，要让他们从小就知道珍惜别人的帮助，感谢社会各方面的给予。

要教育学生学会热爱，就是要让孩子们从小认为社会是阳光的，应当热爱社会、热爱生活。要告诉孩子们生活中美好的善良的事物，而不是社会上丑恶阴暗的东西。要让孩子们在充满阳光的环境中，去热爱这个国家，热爱这个社会，热爱周围的人，宽容对待周围的一切。要告诉孩子们人生道路很漫长，尽管会遇到很多困难，但是要以阳光的态度去面对，就会喊少麻烦，就会减少包袱，就会集中自己的心智，用更多的时间来学习，报效社会。

要教会孩子们学会创新，要在开发孩子们智力上多下功夫。不管是在家里，还是家外，要找机会让他们上手。做家长的，多引领，多教过程，多教方法，多讨论，多给孩子表现的机会，多给孩子展示的平台，让孩子在校内校外都能收获成功的快感。

主动配合学校教育，老师教育，我想，或许正是家校共育的精髓。

家校共育谱新篇

受学校的委托，以班主任的角色，侃侃家校共育。打参加工作，班主任的担子就一直压在我的肩上，当班主任的，既要和任课老师打交道，要和学生打交道，还要与学生家长打交道。私下里，我不止一回嘀咕，与人打交道，真不是一件容易的事情。接下来，我想说说这些年来的一点点感触。家校共育，从排位就不难看出，先有家教，后有校教。不要让孩子输在了起跑线上，好多家长都有这样的追求。事实上，家教，是基础教育的基础，就像一座房子的基脚，基脚夯实了，大厦才能百十载的巍然屹立。孩子进学校了，学校教育便有了展示的平台。学校教育依赖于家庭教育，一个好的家庭，一个充满正能量的家庭，孩子一生的正能力都是满满的。

这是一个捡来的故事。那天回老家，邻座一对老先生在扯闲篇，说者无心，听者有意，竟然被我全录了下来。

孩子教育是一个永恒的主题。说一对夫妻，打一结婚，就养成了一个好习惯。起床的第一件事，就是找对方的优点，他们的悄悄话，他们的知心话，他们的爱情话，全凝聚在清晨的找优点里了。一年三百六十五天，从未间断过。无法验证，那些甜言蜜语，肚子里的宝宝是否也日积月累起来了，有一点是可以肯定的，怀胎十月，孕妇天天开心，宝宝也就随之开心，那胎教一直在"随风潜入夜，育人细无声"。孩子呱呱落地后，听得最多的是父母的相互点赞，在孩子的成长过程中，看得最多的，听得最多的，是父亲的好，是母亲的好。

于是，念好就成了孩子的必修课——爸爸有哪些优点？妈妈有哪些优点？宝宝有哪些优点？一天天说，一月月道，一年年讲。一步步，孩子上学了，孩子成家了，一路走来，他眼睛里看到的，他嘴里头说出来的，除了别人的、自己的优点，余下的，也还是那些个优点。那孩子读初中的时候，写过一篇作文，其中有这么一句："我们家里的人，似乎不知道缺点那东西。"抱着优点过日子的人，充满希望，充满阳光，充满信心，充满快乐，也充满斗志……结论是那孩子赢在了起跑线上。建议家长们蓦然回首一回，看看你们自己家演绎的是不是一样的经典。

经常接到家长的电话，问需要家长如何配合？这些家长对孩子的教育是上心的，可是，可是的背后，蕴藏着许多喜悦，许多收获，许多辛酸，许多无语。家校共育的着眼点应该是一致的，一切为了孩子，为了孩子的一切。无论是学校，无论是老师，还是家长，都要与时俱进，都要思变。家访的时候，在如何教育孩子的焦点上，经常出现分歧。

孩子大多喜欢玩手机，这一爱好，并非是与生俱来的，一旦上瘾，戒，往往比登天还难。事实上，现实就是那么个现实。不少家长，一有闲空，除了刷屏，还是刷屏。更有甚者，为了自己玩得开心，为了阻止孩子不断骚扰自己的玩兴，"走走走，拿着手机一旁玩去！"于是拥有了一时的清静，于是孩子也长了见识，还是手机有味！渐渐地，便有了爹亲娘亲，不如手机亲，以至于半夜三更，还有孩子在刷屏，怕被家长发现，有的甚至把自己躲在被窝里，久而久之，滋生出很多坏习气，生产出许多恶果，到那个时候再来忍痛割爱，受伤的不只是孩子。

　　家校共育，建的是清纯的育人环境，如同一口山塘，任何一处都不能随意扔垃圾，否则污染的是整个山塘，殃及的是水族里的所有生命，这便是家校共育的初衷和实质。无论是学校配合家庭，还是家庭配合学校，出发点都是一致的，目的也是一致的，产生分歧是不可避免的，家校共育务必经常沟通，达成共识，任何一方卸责都是不明智的，千里之堤，溃于蚁穴的古训当牢牢地记住。

做人的五字真诀

这节班会课，有些别开生面，走上讲台的是一位古稀的老人，花白的头发，国字形脸蛋，一双浓眉大眼，略显浑浊，厚厚的嘴唇一张一翕，我不作介绍，谅你也猜不出他是谁。

老人可是五老讲师团的成员之一，县里头的每一个乡镇，都留下了他讲学的身影，他姓胡，还是班上学生家长的父亲。

他是我好不容易才约来的"讲师"，主讲的内容为"牢记五字真言，解决学有方的问题"。老人过的桥都比我们走的路多，由他主讲，能产生意想不到的效果。

他首讲的是"正"，也就是要心正、行正、公正、气正。心正，就是心眼要正、心术要正，摆正自己的位置，既不能缺位，也不能错位，更不能越位。他好打比方，拈来篮球比赛，前锋、后位、中锋当各司其职，巧妙配合，缺位、错位和越位，都会给对方留下可乘之机；行正，就是行为要端正，走路要走正路，方向对，眼睛正，才能一帆风顺，勇往直前，否则，就会到处碰壁，甚至会失足、坠崖；公正，就是看问题、做事情一步一个脚印，不偏不倚，把事情端平。他告诉学生，班里面评先评优，每个人肚子里都有一杆秤，谁做得好，不因个人爱好，不因个人矛盾，实事求是评定一个人是最大的善心；气正，就是一身正气，充满正能量，为人处事，光明磊落，胸怀坦荡，清清白白做人，干干净净做事。

每一个同学只有做到心术正、行为正、办事公、处世明，永远保持那身浩然正气，才会有身心的健健康康，学习起来才会游刃有余，精气神才会饱饱满满。

他在诠释"能"的时候，眼睛扫视了全班，他说，一个有作为的人，就是要具备各种能力，包括自学能力、阅读能力、写作能力、计算能力、自主能力、独立能力、协作能力、协调能力、创新能力、吃苦耐劳能力、环境磨炼等，凡此种种，构成一个人的综合能力。人是一个多面体，有多元的趋向性，总会遇到这样或那样的逆境，如果没有足够的处事能力，是不可能做到攻无不克，战无不胜的。

说到"勤"，他沉默了半晌，看得出来，他欲现身说法。他告诉孩子们，勤能补拙。他读初中和高中，正碰上那场史无前例的政治运动，没学到什么知识，底子薄是不争的事实。他边工作边学习，现买现卖，不断积累，边自学考试，边成人考试，两条腿走路，把人家喝茶、遛街的时间都用在了学习上，终于功夫不负苦心人，他也成了响当当的本科毕业生。他右手一挥，总结道：读书也好，做学问也罢，只有做到眼勤、口勤、脑勤、脚勤，才能克服各种困难，解决各类问题。天道酬勤，这四个字，他反复强调了三遍。用自己的亲身经历，告诉孩子们，上苍从来不会辜负每一滴汗水。只要我们保持那么一股子蓬勃朝气，那么一股子昂扬锐气，何愁学习成绩不像芝麻开花节节高呢？

家和万事兴。他异常兴奋，接下来讲的肯定是他的亲身阅历。果不其然，他说，班主任是班级这个家的风水，他带过三十年的班，有好班，有差班，无论好与差，用心做事了，就能形成向心力，就能形成凝聚力，而这力那力形成的前提就是家要和气。通俗地讲，一个家，就是要讲团结，以和为贵。人心齐，泰山移，是千百年来的老话，至少论证了万千次。任何形式的窝里斗，扯后腿，搞内耗最终只能是断送自己，贻误发展。因此，在日常生活中，要"求大同，存小异"，不要在一时一事上斤斤计较。在具体的事务中，要自觉做到互帮、互谅、互让。同学之间，同学与老师之间，同学与家长之间，要以诚相待，以真情换真情，不要互相瞒骗、互相拆台。要有大局观念，树立一荣俱荣，一损俱损的荣辱理念，确保每一个同学德、智、体、美、劳诸方面得到全面健康发展，建构个人的人格魅力。

他一口气说到这里，似乎有些口干舌燥，稍停，呡了一口水，溜溜嗓子，继续他的演讲。

第五点是"贵"，也就是担责任。古人云：在其位，谋其政。位就是位置，谋就是履行，政就是应该担负的责任。我们是祖国的花朵，将来要成就的是国家的栋梁之材。学会读书，学会做事，学会做人，读好书是我们的光荣使命，更是我们的责任，也是我们的义务。也就是说，要有责任意识，实现对家庭负责，对学校负责，对老师负责，对自己负责，对未来负责，这些个负责，说到底，就是对自己学业负责的高度统一。决不允许各鸣各的号，各唱各的调，自行其是、忘乎所以、目中无人。任何一个学生都离不开学校、家庭、老师的关心和爱护，为了自己的明天，为了中华民族的伟大复兴，从今天起，从现在起，担责任，尽义务，一步一个脚印迎接更大的挑战……

摆正孩子在家庭中的位置

　　当今社会，独生子女已是家庭的普遍现象，做父母的往往视他们为掌上明珠，十分珍爱。殊不知，过分地溺爱孩子，只会害了孩子。因此，父母必须摆正孩子在家庭中的位置，把孩子看成既是家庭中的特殊成员，又是普通一员。

　　特殊成员是指孩子年龄小，不懂事，需要父母在平常多放一定的心思去观察引导，采用最好的方式来启发教育。

　　有一次，我发现书房的抽屉里少了十元钱，我和妻子断定是儿子拿的，妻子叮嘱我等儿子放学回家后一定要狠狠教训一下。可我冷静一想，儿子已是小学高年级学生，自尊心又极强，平时也没见他有什么越轨的行为，或许他是一时疏忽忘了告诉我们，不分青红皂白，就动拳头，只会适得其反。我和妻子商量后决定用"笔谈"的方式来处理这件事。

　　于是，我写了一张条子放在他房间的写字台上。条子上这样写道："儿子，爸爸的抽屉里少了十元钱，我想是你拿了吧。如果你需要钱，又不是乱用，可直接向爸爸要，但不能一声不响地拿去。请你说明这件事的原因好吗？"

　　儿子放学回家，就去房间做作业了。一会儿，他红着脸，不好意思地走到我跟前说："爸爸，我错了。老师要我们交十元钱，放学回来时，你和妈妈都不在家，我怕一时忘了，就到你抽屉里去拿了，后来因做作业竟忘了对你说，下次我再也不会这样了。"听了儿子的解释，我和妻子欣慰地笑了。

普通一员是指孩子正常的要求应尽量给予满足，孩子取得的成绩要及时给予肯定和鼓励，而不以物质和金钱去承诺，遇事要和父母商量。让他们明白，自己不是家庭中的小皇帝、小公主，而是一般成员。

一次期中考试后，儿子取得了优异的成绩，他笑嘻嘻地对我说："爸爸，这次你该奖励奖励我了吧！"以前，取得好成绩的儿子总是满足于我的口头表扬，这次竟提出要奖励，不知有何用意。于是我反问道："你要什么奖励呢？"儿子狡黠地一笑："我想要 120 元钱。""这可不行！"我严厉地说。"我想去买一套《十万个为什么》。"噢，原来是这样。儿子很喜爱阅读课外书，虽然这套书是贵了一些，但他的要求一点也不过分，而且对他丰富课外知识是大有帮助的。于是我爽快地说："明天，爸爸和你一起去买。"儿子听了高兴地跳了起来。

处理好了孩子在家庭中的"特殊"和"普通"的关系，摆正了他们的位置，就能使其健康地成长，成为活泼可爱，又知书达理、落落大方的好孩子。

我们家的家教

我们的孩子思思，现在是宜章六中高一的学生，他从读初中以来，学习成绩一直处于中上水平。表现较好，守纪律，听老师的话，有较强的上进心和荣誉感。进入高中后的儿子变成了大小伙子，随着年龄和阅历的增长，许多事情就不只像读初中那样，我们说什么，他就做什么，而是有他自己的看法和观点。我们传统的说教，往往收不到好的效果。望子成龙是每一位做家长的心愿，但家长要不断地学习，改善教育子女的方法，才能与之相互适应，并获得理想的效果。

六中的家长学校为我们提供了学习的机会，从帮助孩子尽快适应新的学习，到青春期教育特点等等，使我们深受启发。通过听课，我们认识到，孩子长大了，不能再用传统的打骂教育方法，而应用平等地与孩子交朋友的方法，使他与我们之间的关系融洽、亲近，能够无话不说，这样有利于进一步了解孩子，教育孩子。

在上学期，我们不片面地要求每次考试的分数高低，对于每天的学习，我们只督促，不干涉，让他自己安排学习计划，先复习当天的功课，再预习第二天的新课，做到心中有数。每次考试试卷发下来之后，我们要求孩子将做错的题弄懂，再重做一遍，找出错的原因，否则不予签字。经常向他介绍一些好的课外书籍和文章，帮助孩子养成良好的学习习惯，晚上学习的时间较长，一般都在睡觉前，给孩子做点吃的东西，这样对身体有好处，同时也是一种鼓励。对孩子的兴趣爱好，给予正确引导。如：前段时间播放连续剧《三国演义》，孩子想看，我们就跟他约定，每天电视剧播放前，必须完成当天作业，看完电视后，还必须复习功课。孩子感到父母这样要求，合乎情理，很愿意按我们的要求办。在看电视的同时，我们一起讨论三国之事，孩子在对三国人物的津津乐道之中，也了解了历史。并改掉了做作业拖拉的毛病。我想，如果强制性地禁止，反倒使他不能静心学习。

对孩子偶尔出现的过失，即使是孩子有理，我们也从不偏袒。

有一次，孩子跟一年轻老师发生矛盾，我们知道后，马上狠狠地批评孩子的行为，并亲自给老师写信检讨，以取得谅解。当我们将他写好的信，劝孩子去交给老师时，孩子哭了，并保证以后再也不犯了。在生活上，我们要求孩子艰苦朴素，不许与别人比吃比穿，不赶时髦。鼓励孩子将节约下来的零花钱去买课外书籍和学习用品，养成勤俭节约的好习惯。

作为家长，我们希望自己的孩子在学校是个好孩子，除了学校、老师的教育外，家庭教育也是必不可少的。这就要求我们在家庭中为孩子创造一个比较好的学习环境。当然，在教育孩子方面，我们还做得很不够。孩子在学习上也还存在许多毛病，缺乏自觉性，没有下苦功夫，我们愿意配合学校，搞好孩子的教育和学习，使之成为一名德、智、体、美、劳全面发展的好学生。

走近老师的育才心

为了孩子的健康成长，作为家长，我们需要走近老师的育才心。所有的家长都会非常关心孩子的进步，但如果家长处理不好同老师的关系，就无法调动校园与家庭的积极因素，甚至使家长和老师希望孩子改善学习的愿望无从实现。作为家长应该如何向老师提出意见而又不影响孩子呢？德国著名心理学家比勒·韦贝尔女士向老师和家长推荐以下策略。

不要等到孩子有严重问题才去找老师。韦贝尔女士说："在轻松气氛下互相认识的老师和家长，在对孩子的问题交换看法时，互相之间很少保留意见。"

所有的父母都认为自己的孩子是好的，犯错误是偶然所为。韦贝尔女士提醒说："请家长们不要忘记，老师负责的不是一个孩子。"凡是对这种情况表示理解的家长从一开始就会赢得老师的好感。

即使家长很生气，而且家长是有道理的，但是在家长同老师交涉之前也要对老师讲课中好的一面加以肯定。

韦贝尔女士提议："即使家长希望老师听听自己的意见，也不要伤老师的面子，或者引用孩子的话。较好的做法是，首先要让老师感觉到，自己的看法是正确的。当老师真正意识到家长的看法是有道理时，老师是能够认真听取家长意见的。"

不要因为不好意思而不谈一些比较大的家庭问题，尤其是影响到孩子学习成绩的家庭问题，当然要做到这一点是不容易的。只有这样才能在孩子出现异常时，获得老师的理解。

如果家长认为课程过少或者过多，那么家长可以非常心平气和地请老师谈谈，老师这样讲课所要达到的目的是什么，而不是首先对老师进行评价，甚至加以指责。

"我的孩子是很理智的，怎么会在学校里调皮捣蛋呢？"所有家长都认为自己对孩子最了解。每当老师对孩子提出不同看法时，家长往往很不高兴。

孩子在学校的表现完全和在家时不一样，这样的现象是经常发生的。老师和家长经常交换意见有助于双方更好地了解孩子。

家长如何处理好同老师的关系

家长都想把自己的孩子培养好，教师都想把自己的学生教育好。教育培养好孩子就成了教师和家长共同努力的目标。而要达到这样一个目标，需要家长和教师的密切配合，这样，便需要构建一种和谐的人际关系。优化了这种人际关系，便是优化了孩子们健康成长的教育环境。

家长要处理好同教师的关系，既需要真诚、尊重和坦率，同时，还需掌握与教师交往的艺术。事实上，在我的身边，许多家长因不善于处理同孩子老师的关系而苦恼，甚至把关系弄得很僵，对孩子的教育产生了不利的影响，陷入一种无法解决的窘境。

那么，作为家长应如何处理好同老师的关系？在同老师的交往中应注意些什么？

首先，孩子一走进学校，就要注意同老师建立起"战略伙伴"的关系。你一定要主动创造机会，同孩子的老师在轻松的气氛下互相认识，你可以给老师谈谈孩子在家庭中的主要情况，留下家里的地址和电话号码，邀请老师在方便的时候到家中作客。不要等自己的孩子有了严重的问题才去找老师。你同老师有了良好、融洽的人际关系，孩子有什么问题便能及时沟通，互相配合，做好教育工作。

其次，对影响孩子心理和学习的重大家庭问题不要忌讳让老师知道，而应主动告诉老师理解和同情。比如离异、家庭不和、生病、经济窘困等困扰家庭的重大事情，势必会影响孩子的情绪和学习，在这样的环境中生活的孩子，更需大人的理解和关怀。瞒着老师是最不明智的讳疾忌医。其实，在困境中，最能给孩子精神上的安慰和帮助的，除了父母，便是老师了。

再有，掌握给老师提意见的艺术。即使家长认为老师教育方法有偏差，也不要伤老师的"面子"。最要避免的是引用孩子的话对老师提出批评。你在同老师交谈之前，建议老师在教学或教育孩子的过程中，怎样、怎样处理，是不是效果会更好些。我们当家长的都相信你能成为最受欢迎、最优秀的老师。

另外，绝大部分当父母的，都认为自己的孩子是最好的、最聪明的。当老师把孩子在学校的一些不良表现通报家长，请求家长配合支持时，家长常生怀疑，我的孩子怎么会是这样的呢？一定是老师教育无方吧。有了这样一种心态，要寻求同老师很好的合作便很难了。家长一定要头脑理智、清醒，老师是你了解自己孩子在校表现的重要对象，从老师那儿了解的情况往往很重要，一定要高度重视。还有，对老师布置下来，要求家长完成的工作，一定要尽力去完成，每一次家长会尽量不缺席。

教师与钥匙

中国有则寓言：坚实的大锁挂在大门上，铁杆费了九牛二虎之力，还是无法撬开。钥匙来了，它那瘦小的身子钻进锁孔子，只轻轻一转，那大锁就"啪"的一声打开了。铁杆很纳闷，钥匙说："因为我最了解它的心。"由此，我联想到了教育，我们做老师的不正需要做学生学业入门的这把钥匙吗？

学生的思想水平各异，认知能力不一，性格也千差万别，所以要当好这把钥匙必须要深入地了解他们。下面，我谈一下对不同层次的学生应怎样地进行教育。由于水平不一，学生总会出现不平衡，因而出现了"优生"和"学困生"的称呼。

对于"优生"自身来讲，学习上被教师盯得紧，而心理上和道德上则往往被忽略，也许因为学习成绩优良，老师和家长对其"恩爱有加"，甚至成了他们的"保护伞"，优生也往往因其优势产生骄傲的情绪，盲目乐观，看不到自己的缺点和不足，优生往往对成绩特别的重视，不甘心落后一两分，为了"竞争"，为了保住自己的"宝座"一般不愿同别人交流学习经验，不愿意在学习上帮助别人，很容易产生狭隘、自私的不良倾向。有的优生心理比较脆弱，经不住挫折的考验，甚至在成绩暂时下降时会轻生。好成绩是"优生"赖以生存的土壤。因成绩而忽略对其他方面的培养教育，还会形成其消极心理，心理咨询医生在分析"优生"

时说：任性有时成了这些"好学生"的标记。

因此，针对"优生"的这种特殊心理，教师可以采取以下几点措施：

第一，帮助优生全面地看待自己，既要让他们看到自己的优势，比如成绩、认知能力等，又要使他们认识到自己的缺点和不足，比如心理素质等。要引导他们认识到自己只是学习成绩上的"优生"，而非全面发展的"优生"，从而促进其综合素质的提高。

第二，创设挫折情境，如故意安排他们做一些高难度的题目，使他们尝试失败的体验，认识到学海无涯，不要盲目乐观，不求进取。

第三，让他们多参加集体活动，从中树立集体意识，团队意识，体验帮助他人的喜悦，让他们体会到世界是由很多人组成的，而非他（她）单独一个。

对于"学困生"，我们更要高度重视，分析他们差的原因，从而把他们从"差"中"解救"出来。"学困生"并非都是"笨生"，我们要让他们把"智力潜能"发挥出来。很多学生因为学习环境差，学习习惯差，方法不当，自控能力差，而成为暂时性的"学困生"。"学困生"有自卑心理，如果对其关心不够，冷落甚至歧视，那么这将会给他们留下足够的空间与理由来"破罐子破摔"。所以，对于这些"学困生"，老师应悉心指导，耐心教育，从而控其"潜在智力源程序"，只要他们转变对学习的态度，改变其学习的方法，那么"朽木"也可"雕"。

那么，我们应该如何对待学困生呢？

首先，树立他们的自信心，找其身上的优势，通过发挥优势，让其懂得自己仅仅是在学习成绩上落后，在其他方面并不差。其次，老师应多接触他们，通过谈心、采访等形式深入了解学生的内心生活，从而分析其学习落后的原因，帮助其克服困难，把成绩搞上去。

再次，帮助"学困生"克服自卑心理，要善于发现其闪光点，组织一些能够发挥其特长的活动，并号召"优生"帮助他们。

教学中，教师一定要深入了解自己的每一个学生，只有这样才能"因材施教"，达到事半功倍的效果。也许只有这样，才能当好学生手中的那把开启知识殿堂的钥匙。

家访的艺术

家访是班主任工作中的重要组成部分，也是学校、家庭、社会三结合教育的重要形式。通过家访，可以相互交流学生的一些情况，分析其行为表现的内因外因，便于更好地开展教育教学工作。那么，怎样创造性地开展家访呢？

一、爱字当先，勤于家访

家访，这也是爱的一种延伸——当你牺牲休息时间不辞劳苦走进学生家时，学生和家长会感受到这种诚挚的爱。这种爱最容易沟通情感。正如教育家陶行知先生所说："老师必须热爱学生，这是教育素养中起决定作用的一种品质，因为这种爱的情感，不仅对学生产生积极向上的激励功能，还能为学生产生感召力和转化能力。"这种爱有着巨大的力量，教师要勤于家访，充分利用这种力量，最大限度激发学生的潜能，沟通情感，及时发现问题，解决问题，做好思想教育工作。

二、掌握情况，定时家访

家访时间的确定，要放在学生某方面进步或问题出现在萌芽之时，要放在家长闲暇之时，友好交谈，这样可起到事半功倍之效。

三、目的明确，家访要有针对性

家访前根据学生在校的实际表现，明确家访的目的，使家访有针对性，要切中要害，使老师心中有数，使家访有序有效。

四、家访语言如春风化雨，要有激励性

家访中，教师的语言要恰当，和家长交谈时，语言要富有期望和激励性，使家长看到子女有成才的希望，使学生在学习上有信心。要客观全面地评价，忌把学生说得一无是处，或学生成绩不好，而一味训诉家长，给家长上政治课。导致家长认为孩子不可救药，失去教育的信心，怕和教师再见面，致使教育工作不能正常开展。

五、家访时要扮演好角色，摆正自己的位置

在家访时，教师要以朋友的身份而不以严师的角色出现。要和家长真诚谈心，实话实说，共同为教育子女出谋划策，提高学生的整体素质。要给学生指点迷津，热心做学生的向导，使学生在学习上树立信心。

总之，家访是沟通家庭、学校联系的一个重要环节，是共同育生成才的情感沃土，只有适时、有序、勤于搞好家访工作，才能全面掌握学生的思想行为，才能很好地做到"对症下药"，因材施教，形成团结友爱、文明守纪、奋发向上的良好的班风。

批评学生的艺术

批评是指教师对学生不良思想和行为的否定性评价，其目的是为了帮助学生分清是非，认错改错。能够打动学生心灵的批评是艺术的批评，它是根据学生不同的心理特点和个性特点，采用不同的批评方式，把批评的信息传递给学生，使学生乐意接受，收到良好的教育效果。批评的艺术是一种既微妙又敏感的教育技巧，就其方式方法而言，常见的有以下几种：

一、"渐进式"批评

有些学生犯了错误，性质也不那么严重，且这些学生自尊心较强，宜采取渐进式的批评，也就是批评要逐层深入，不能一股脑儿把批评的信息全部抛出。假如学生偶有错误，就火冒三丈，暴跳如雷，当众批评，就会损害学生的自尊心，使学生下不了台，从而产生逆反心理，甚至会僵化师生关系。如用渐进式批评方法，则可使其逐步接受批评，做到循循善诱，动之以情，晓之以理，从而增强学生改正缺点的决心和信心。

二、"启发式"批评

有的中学生资质聪慧，思维敏捷，但性格内向，敏感多疑，当他们有了缺点和错误后，教师只要稍加暗示、提醒一下，就会明白批评的意思，对这类学生，就可使用启发式批评。如教师见到几个中学生在折路边刚栽上的小树苗，可以悄悄地凑过去，将耳朵贴在小树上，装作侧耳倾听的样子，孩子们看了一定会好奇地问："老师，你在听什么呀？"教师因势利导地说："我听见小树苗在哭，小树苗长大后要给我们做课桌凳，有人把它折断了，它长不高了，所以它们伤心地哭了。"教师委婉地说服教育既能使孩子们乐意接受，又如涓涓细流滋润学生的心田。反之，如果直率地进行批评，将会造成他们精神上的压力，加重疑虑心理，降低教育效果。

三、"商讨式"批评

学生犯错误以后，教师不能一味地训斥、责备学生，有的学生脾气暴躁，行为往往被情绪左右，对教师的批评往往持否定态度，甚至与老师直接冲突。对这样的学生，老师应以诚恳的态度、亲切的表情、自然的言语，心平气和地帮助和引导他们，指出这种不良行为所引起的后果，以及纠正的办法，使学生从老师恳切的批评中感到惭愧。如上课时发现学生伏在课桌上想睡觉，可以轻轻拍一下他的肩膀，给他提个醒，等下课后叫到办公室再批评他："是老师课讲得不好，提不起你的精神？还是你昨晚看电视时间长没休息好？"老师先从自责和谦虚开始，谈起话来就自然、和谐、投机，从而达到预期的目的。

四、"及时式"批评

有些学生做错事后，过一段时间就矢口否认，或辩护解脱，或转嫁他人，对这类学生就要及时批评，用正在发生的事实冲破学生的心理防线，语言的力度增大一点，适当地严厉一些，使学生猛然醒悟，无法掩盖自己的错误言行。这种方式是以相信学生，挽救学生为前提的，它应该是严厉和善意的圆满结合，使学生能从教师的批评中感到不仅是符合情理的严厉，而且是对他充满了人情味的关切。

总之，随着社会的发展，中学生的自我意识有较大的增强，他们的年龄不大不小，知识经验、思想品德都处在尚未完全形成的阶段，也有的受外界不良影响和家长的娇惯，经常出现些缺点和错误是在所难免的。教师对他们进行批评和教育是非常必要的，但必须对症下药，给予指导，使他们辨清是非，明确方向，改正错误。所以，作为教师，特别是班主任，确有研究和掌握一些批评艺术的必要。只有这样才能全面落实党的教育方针，完成培养社会主义现代化事业建设者和接班人的历史重任。

谁在叛逆

　　正要上床睡觉，手机突然叫了起来。这时辰，接也不爽，不接也不爽，当老师，休息的点，永远也定不下来。从显示的名字里，知道打电话的是学生的家长，都子夜了，要不是事情紧急，是不可能打搅班主任的。

　　"老师，就在刚才，我与孩子吵了一大架，想杀人！"听得出来，电话那头的她，有多么着急，有多么情急，有多么愤怒。

　　"别急，别急，慢慢跟我说，到底怎么回事？"

　　"我回来的时候，孩子边看电视边玩手机，我问她作业做完了吗？她无所谓地翻白眼。"这样的情境，在教育孩子的过程中，我也遭遇过，想象得出来，那位家长熊熊燃烧的无名大火。

　　"哦，这表现确实不好，回头，我好好教育教育她。"我搔了搔头，替对面减压。

　　"那还不算，她要我出去，我不出去她就不做作业！现在的孩子真叛逆！"问题当真严重了，母子关系对抗到这种程度，我也骇然。

　　"真不好意思，是我没把孩子教好，令你操心了。家长，实话实说——我的孩子不叛逆！"十多年来，我带的班级，我带的学生，就没有一个叛逆的，说我的孩子叛逆，还是头一回。

　　"哦——你的孩子不叛逆？"家长一时转不过弯来，听得出来，她的心情平静了好多，也许，缘于"我的孩子不叛逆"！班主任把她的孩子当成了自己的孩子，得到了些许安慰。

等家长平静下来后，我们聊开了话题。家长告诉我，打上初中，孩子变得越来越无语。

又是我的错。老实说，我是学校有名的"话匣子"，我的学生大多数像我，特别是她家的孩子，在班上，称得上天字号第一快嘴。也许，近段时间家里发生了什么变故，我竟然没有观察出来。

家长告诉我，最近半年特别烦，夫妻天天吵，时时刻刻指责对方。原来如此。一对专注于找对方缺点的夫妻，怎么看得见孩子的优点。

"我替你支一招，换一种思维，专瞅丈夫的优点，瞅多了，瞅久了，你盛满眼的，或许都是孩子的优点了——孩子总是自家的好嘛。"

不知不觉聊了一个半钟头，有一点，我们达成了共识，家是讲情的地方，不是讲理的地方，一家人过日子，不一定非要分出谁对谁错来，分到最后，其结果，往往就是"清官难断家务事"。

"我们都是过来人，都记得小时候的事情，难道你不认可——孩子都是夸大的吗？"那头回应了几个"老师说得对"。

稍停，我话锋一转，回到开头来。我告诉家长，今天出的状况，家长和我都心知肚明，是她仍旧沿用老父母当年教育的那套方法，抑或是模式，原原本本地压在了孩子身上。时代在发展，社会在进步，做家长的也要与时俱进，从这个意义上说，叛逆的，不是我的学生，是家长在将叛逆进行到底！可见，叛逆的不是"我的孩子"，而是家长本人。

那位家长特聪明。据说，她立马改变了原来的思维定式，在家庭生活里，只看优点，不看缺点，很快地，改善了原来紧张的气氛，提升了家庭文化，整个家庭都充满了正能量。

"我的孩子不叛逆！"直到今天，我们的班级景观依旧，亮点依旧。谁说我的学生叛逆，我非但不认可，还会与之辩到底。

当然，家长们喜欢与我交流，是因为我们共同关注孩子的成长。一直以来，我特别钟情于"我的孩子"，她撑起了家校共育的大厦，让孩子们有了避风挡雨的地方，再不会因愚昧无知带来无穷的伤害。

师德师风篇

一生志业乡村教育

当老师的，没有豪言，没有壮语，一年四季，在三尺讲台上，耕耘着春，耕耘着夏，耕耘着秋，耕耘着冬，和学生们一起疯，和学生们一道乐，和学生们一块愁，也和学生们一起伤心……

打参加工作，他就一直在岩泉这片土地上打拼，兢兢业业地经营三尺讲台，从这个意义上说来，他这一生，确确实实是志业乡村教育的一生。一转眼，三十九年过去，静下心来盘点，这些年收获了几多，沉淀了几多，挥霍了几多？还真不是三言两语道得清的。

一、快速实现角色转变

当老师的，我个人认为有三个境界，一是像老师，二是是老师，三是真老师。初为人师，上课铃一响，老师们拿着教鞭，夹着教材和备课本走进了教室，在课堂上不停地说道，在黑板上不断地演示，远远望去，当真像一位老师了，一堂课下来，呱唧得口干舌燥，似乎完成了教育教学任务，于学生呢？他们学到了多少东西，心里实实在在没底，扪心而问，说到底，几乎都是从教学资料里搬来的，先是搬进备课本，然后板书在黑板上，是一位名副其实的搬运工，这是做教师的最低境界——像老师。渐渐地，终于摸索出了教育教学的门道，能够灵活地处理手中的教学资料，熟练地把握教育教学的每一个环节，能够掌控整个课堂，能够真正传道授业解惑了，无论技能、技法还是技巧，无论是观点、理念还是做法，都已经是一位老师了，是老师，是当老师的第二个境界。

把教书当事业来做，是当老师的最高境界。众所周知，教无定法，法无止境。当一个老师，有了自己的教育想法，并孜孜以求之，穷其一生，为之奋斗，从而形成了自己的教育格局，教育模式，教育个性，教育特色，教育风格，这才是当老师的最高境界，这个境界的每一个流程都是一种教育享受。

为了实现角色的快速转变，他用心做事。熟悉他的人都知道，他从不打牌、跳舞、游山玩水，把业余时间都用在了谋学谋教成长自己上。当老师的，一辈子都没有成熟的，一定要说有什么的话，那便是不断地成长。他订阅了《中国教育报》《中学语文教学》《湖南教育》《郴州教育》等几种杂志，一有空就看，一有空就潜心探究，受益匪浅。为了上好语文课，他自制多媒体课件百余项，编写自学教案百余课，分门别类写了几万字的读书笔记和四十多篇心得文章，从而有力地助推了他的不断成长，收到了学生满意，家长满意，领导满意，自己开心的教育教学效果，一句话，当教师的，本就应该把职业当终身事业来追求。

二、反思的八个字

每上完一堂课，当老师的都要写教学反思，这是教学公式，这是教学法则，这是教学定律。

怎么写反思？不同的人有不同的想法，不同的人有不同的做法。当老师的，无一例外都会上公开课，示范课，比武课，上完课以后回过头来想一想，权衡权衡利害得失，这便是反思。

怎么评价一堂课？不外乎八个字，即思想、智慧、高度、个性。

每上一堂课，老师们都有自己的想法，都有自己独特的做法，这就是思想；把一堂课当成工艺品来打造，哪些地方用粗线条，哪几个部位须精雕细刻，什么时候画龙点睛，拿捏得恰到好处，这便是智慧；在教学设计的时候，关注每一位学生，让每一位学生跳一跳就能摘到知识的果实，就能享受学习的快乐，这便是高度；一节课下来，当评课的老师想来个赞，却又难以用语言来概括，有老师想模仿，总感到形像而神不像，每一节课都有自己独特的套路，每一节课都有别人仿制不出的元素，这就是个性。思想智慧高度和个性，并不是每个老师都具备的。很长一段时间，他也很困惑。以语文为例，到底该怎么教为好，到底什么样的课堂才是快乐课堂高效课堂？据说，他至今没有成熟的结论。

几十年下来，反思老师们的课堂就不难发现，一节课接一节课，很多环节我们都在重复，很多话语他们都在翻板，难怪有老师嘘叹："一节课下来，百分之八十五的都是大话、套话、空话、废话。"要想根除这种现象，势必要做大反思的文章。一篇课文，不外乎写什么，怎么写，为什么这样，好像用不着老师们每一篇课文都依据同样的套路出牌。他们当然知道，从小学到大学毕业，有人统计过，也就三十六个知识点，每个知识点嚼三五节课也就足够了，学完这些个东西，学好这些个东西，用一年的时间也就足够了，实在是用不着他们天天炒剩饭，以其昏昏使人糟糟，至关重要的是老师们要心里有数，哪些是学生们通过工具书自己能够解决的，哪些是学生们阅读时可以解决的，教学生游泳，最好的办法是让学生在水里折腾，千万别心疼孩子们多呛了几口水。人这一辈子，没有呛水的记忆是学不会游泳的。老师们的语文教学设计，也要有让学生呛水的环节，只有最沉痛的教训才会令人引以为戒。话题不能扯得太远了，立马回到反思上来。一个精明的老师，是不会推着学生走老路的。即使要走，也是他们自己走，已经无需老师领或陪了，放在课堂上，便是要明确，该学生自己弄的，只督查，只检查效果，通俗地说，就是培养学生自学的能力，让学生走自己的路。

有思想有智慧有高度有个性的老师，原本就是一个上乘的设计师，经过精心设计的每一堂课，是这位老师个人风格的凸显。

三、以校为家是真的吗

"以校为家是真的吗？"夜深人静的时候,他常思忖这个话题,一生志业乡村教育，要实现这个人生追求，必须和所有师生一道经营好这个家。

以校为家，才能实现学校的教育目标，基于这一点，他最想说的一句话就是，作为家庭的一员，分内的事要做，分外的事同样也要做，事实上，作为家庭成员，只要是家里的事，只要是入眼了的事，大凡力所能及的，他都该做他都要做。

在一家为一主，这个主就是学校这个家园，而不是某个家长，更不是某个领导。

他当过村校的校长、联校教务主任、初中部政教干事，现任岩泉中学食堂会计，并负责学校的水电，三十多年来，他一直把学校当成自己的家，牵挂着学校的大事小情。只有家经营好了，才能实现学校的教育教学目标。在分工上，他从不讨价还价，更多的时候是愿挑重担，乐挑重担，勇挑重担。乡村学校缺老师，不单是现在缺，过去也缺，三个教学班的主课他上过好些年，有时甚至跨年级，他二话没说过。身兼数职更是二话不说。老话说得好，累人累不死，病人就病得死。有老师点评，吕九军别的本事没有，就是勤快，真是一语中的。勤快也是一种本事，那话他喜欢。

好多人嫌麻烦，个个学期发课本发作业本发学习资料，几乎从没间断过，过年过节，寒暑两假，所有老师都能一身轻松地离校和父母团聚，只有他不能，因为学校的水电不能一天离开管理的人，春节的值守他也从未间断过，以校为家的人，学校的产业就是自家的产业，哪怕丢失针尖大的东西，都是家里的损失，置办起来都要耗费原本不足的资金，都会令人心疼不已，都会影响教育教学。

人们或许不会忘记2008年那场冰灾雪难，断水断电，给人们的生活带来极大的不方便，他义无反顾地留在了学校。也就在那一年，痛风缠上了他。痛风是一种煎熬人的毛病，季节变换，刮风下雨它便反复发作，双腿僵直，整夜整夜疼痛，以至于夜不成寐，至今十三年有余。十多年来，他没有因病魔缠身而提出减轻工作量的要求，也从未因疾病缠身而请过病假缺过勤，病痛像弹簧，你软他就强，好多时候，他总是咬着牙齿拖着腿进课堂的，还不能让学生看出来哩，生怕影响他们的学习情绪。

以校为家，就要时时处处为家着想，就要分担家里的困难，就要和家人一起喜一起怒一起哀一起乐，也就是人们常说校兴我荣校衰我耻，让他说呀，以校为家，就是要一步一步夯实脚印，就是要像爱护自己的眼睛一样爱护学校。

几十个春秋的努力工作，得到了学生的满意、同事们的满意、学校领导的满意、上级领导的肯定，因此，他在2020年度中被评为县最美乡村教师。在此，他感谢党对他的培养、感谢各级领导对他的关心、感谢同事们对我的帮助。

几番风雨，数度春秋，退休的钟声越来越近了，为了山村教育这片热土，他费了不少心，流了不少汗，献了不少爱，总而言之，凝成一个字——值。当他回首往事的时候，不会因虚度年华而羞愧，更不会因碌碌无为而悔恨，这样，离开山村教育的那一天，他会大声告慰儿女们，父亲的一生，已"万里人生歌永志，三千弟子笑长留"，平生足矣！

闲不住的特级教师

"山再高，有树则青，水再深，有龙则灵，人再老，有情则谊"。人老是人之常情，但如何老有所为、老有所乐，老有所爱、老有所报，为身边的人和事尽一分力，发一束光，让夕阳时光绽放亮丽的光彩，这是退休特级教师谢作塘孜孜以求的，也是他退休生活的真实写照。

谢老师2015年9月退休，他满怀激荡的心情，带着满身的光环离开了辛勤耕耘四十余年的教学岗位，心间隐藏着留念、喜爱孩子的情怀，在他身上蕴藏着一笔不可估量的知识财富。得悉谢老师退休了，立即有私立学校以高薪聘任他，有培训学校以高职高酬聘用他，他都婉谢了。他对采访的记者说："恰逢盛世，要对得起新时代。我们退休老师享受党和国家的优待，要懂得感恩，若能把我们在教育界几十年积累的人生历练、教学技能、为人处事的经验传授给年轻人，让他们少走弯路，为时代的发展做点好事，为青年教师的成长多点效力，释放自己的善行和光热，为社会再增添一点正能量，这才是晚年生活的最大快乐！"他不仅是这么想，也是这么做的。

2015年退休没几天，天塘学校领导盛情邀请，他爽快地参加了天塘镇退休协会，组织一批有教学经验的退休老师赴乡村、到基层去发挥余热，常常连轴转，听课、评课、磨课，结合自己的教育教学经验，倾情指导青年教师，他的足迹走遍了 11 所村校和 4 个学部，先后听青年教师的课 26 节，指导新进教师设计教案、备课、上课等常规教学工作 18 人次。为了有效引导他们，于 2016 年 3 月 29 日、4 月 9 日分别在天塘明德小学、城南中心小学上作文示范课，他童心勃勃，引经据典，深入浅出，幽默风趣授课情态，激出阵阵掌声、笑声、尖叫声，真可谓高潮迭起，受到师生的一致好评。

一批新入门的青年教师，交头接耳说："上谢老师的观摩课，的的确确受益匪浅！"菜了冲村校的杨芳老师说："名师有没有，只看他出手。欢迎谢老师经常到一线课堂指点迷津。他经营的是最接地气、最具灵性的指导课。"真的是好事传千里，域内的记者闻风而动，在《宜章报》以《学习袁贤光，退休不退岗》为题报道了他的执教事迹。6 月 2 日的《宜章报》又以《天塘学校 实施"青蓝对接，以老带新"工程》为题再次报道了学校这项新措施，赢得上级领导的好评，短短三个月，纷纷点赞的读者达 21 万人次。退岗不休，引领示范，帮扶青年教师，成为乡村教育推波助澜的一项好举措。

2018 年 9 月，中央发出银龄讲学计划的号召，他第一时间报了名，报名的初心不言而喻，他就是想把几十年的教育经验，教育反思，尤其是乡村教育理念释放出来，去指导乡村青年教师。一个又一个春夏秋冬，他讲座了一个乡镇又一个乡镇，以自己的经历启迪青年教师，帮助青年教师转换角色，他告诉青年教师，不仅要做经师，而且要做人师，要有教育的情怀，要有把职业当事业做的心态。他不顾劳累，先后在岩泉镇、玉溪镇等学校开展讲学活动，在 2018 年 9 月至 2020 年 9 月间，他特邀当地退教协会会长胡合林、钟太娥等 4 位同志，在总校领导的指导下，前往各村级小学推门听课，所到之处，他都感慨万分。

近几年，乡村学校新招了聘一批批年轻教师，不少是非师范类的，刚上岗，面对学生不知如何面对，很多人摸头不是脑。几个人聚一所学校，近村的一放学就回家了，留校的一两个教师，眼瞅着人去楼空，举目无亲的青年教师，天一黑便怀抱孤灯，熬长寂寞；教学上的执教无方；管理上的束手无策，给新进教师平添了许多烦恼。不错，他们必须赶快摸到门道，他们必须快速成长，这是当务之急。谢老师他们每到一个地方都不厌其烦地讲解，有时甚至手把手地教，比方就如何编写教案，如何制作课件，如何执教课堂，从入课到结课的流程，从教态到体态的角色转换，还有教学课堂语言、肢体语言，板书设计等等细节，都言传身教。

总而言之，新进教师有精力、有激情，缺的就是经验，不知道从何入手。这些都是年轻教师的短板，有的老师偷懒，甚至不备课就去上课，硬着头皮把喋喋不休进行到底，从头至尾稀里糊涂，累了老师，苦了学生，效果哩？如同稻田里的稗子草，永远高昂轻飘飘的头，那收成！

面对这样的现状，他问了无数个怎么办？夜深沉，他辗转反侧，夜不成寐……他仔细分析，最好的办法是，深入他们的课堂，听课的前前后后，进行面对面、点对点、一对一地指教。每听完一堂课，及时点评，对某些不满意的环节，他还亲自捋上示范，手把手教他们编写教案，制作课件，在他的真心指导下，年轻老师进步很快。玉溪镇法堂小学肖玉莲老师说："我们最需要这种直面课堂，接地气的指导课，他能为我们解决教学中的实际问题。"

两年来，他跑了7个乡镇，先后听课146节，参加各种教研活动12次，指导4名青年教师参加新进教师教学比武，荣获县级一等奖。他辅导的5名学生，在小学生学习报发表文章，激发出全校学生的写作兴趣。他指导8名教师撰写教学论文，思路先行，观点独具，个性突出，在县、市、省级刊物上发表。一大批青年教师很快成为教育骨干。2019年4月，县电视台《郴州日报》《省科教新报》以《银龄教师闪耀在乡村课堂》为题报道了他的优秀事迹。2020年6月，中国教育报刊发了他的经验文章。2019年9月，他有幸参加了省第35个教师节表彰大会，有幸与省委书记杜家豪合影留念。2022年，他被市、县关工委评为先进个人，荣获省关工委突出贡献奖。

谢老师主导的银龄讲学，为宜章教育起到了很好的引领作用，期间，虽然有一路跋山涉水的艰辛，也有途中无法休息的困惑，烈日下，寒光里，既有忧愁，也有疲惫，但换来的是领导和师生良好的口碑，再苦再累都是值得的。老年岁月召唤时代的梦想，夕阳的余热绽放时代的光彩，把几十年积蓄的光热释放到社会最需要的地方去，点亮青年教师的心灯，为夕阳生活增添亮丽色彩，为乡镇教育孕育新的希望。

就在将要搁笔的时候，传来一个大快人心的消息，谢老师一行人正在致力于打造中小学名师团队，助推中小学高级教师攀登人生"金字塔"的顶峰，我悄悄地乐了。我与谢老师有渊源，肯定会受益颇多。

丹心育桃李，痴心献教育

没有人愿意相信，宜章九中的张珊丽老师会上正高。当消息传来的时候，我一脸疑惑。那么普普通通的一位女教师，居然说上就上了，运气来了，当真门板都挡不住。好些日子叹息自己没有她的运气好。与朋友闲聊，才知道她是有准备的人，属于做足了功课的那种。其实，我与张老师只见过几面，没有深交，她与我们学校的陈荣华老师曾经是同事，陈老师对她的评价颇高，待拜读完张珊丽老师的专著《一个女教师的追求》，才对她有个全面的了解，说是刮目相看更为准确。

张老师是宜章天塘人氏，老张家是个名门望族，远的不说，单是那位宜章四中毕业的将军张超金就享誉本土，且名声在外，难怪张珊丽老师也那么优秀。她一毕业便回了天塘，在乡镇中学一待就是八年，她守望乡村孩子，用激情编织教育理想，用坚守诠释教育情怀，凭她扎实丰厚的功底，所任教学科的教学质量一直名列前茅，成为全县教育园地里最年轻的教育之花，最闪眼的教育之花。

2000 年 8 月，张珊丽通过竞聘从农村中学调入宜章养正中学任教历史课，八年后进了宜章九中，一眨眼就过了十二年。三十年来，她一直坚持在一线从教，曾多年担任班主任。她始终秉承做孩子们喜欢的教师，她以亲情、柔情、专注、深沉关爱学生，默默奉献，开拓创新。她谨记陶行知先生的一句话："捧着一颗心来，不带半根草去。"她全身心地投入到教育教学工作中，对待学生坦诚而不鲁莽、关心而不骄纵、信任而不包庇，因而在学生当中树立了良好的师长形象，使学生"敬而亲之"。长期的班主任工作，使她在德育管理方面形成了一些独特的方法，管理水平也不断提高，取得了较好的成绩，连续多年被评为学校的优秀班主任。她所带班级的教学质量成为学校一面旗帜，她手上毕业的学生考上清华北大的有陈悠等6人，现在还有联系的有6个博士生，21个研究生，其中有6个成为企业老板，66人成为教师，三十年的耕耘实现了桃李遍天下。她在2009年评为郴州市骨干教师，先后多次评为国培优秀学员、市优秀命题人员、宜章县教科研先进个人、教学常规先进个人、优秀教师、优秀共产党员，她的专著《一个教师的追求》记叙了自己满怀爱心带领孩子们梦筑、追梦、圆梦的历程，已经在经济日报出版社出版发行。2021年12月郴州日报以《历史课堂引心智，三尺讲台筑梦想》报道了她的优秀事迹。《华声在线》《科教新报》《宜章新闻》等多家主流媒体也对她开展家校共育和宣讲宜章红故事、出版专著进行了报道，我也是通过主流媒体和她的专著，才有了深入细致、全面的认可。

一、立德树人，播种阳光

我是特关注政治的人，习惯于高举政治尺度丈量。她步入教师行业至今，已经三十余年了。平凡的人总不甘于平凡，张珊丽老师也不例外，她在平凡的岗位上默默奉献，她认真学习党的路线、方针和政策，认真研究教育教学理论，忠诚党的教育事业，认真贯彻落实"三个代表"和"科学发展观"的重要思想，既教书又育人，关心同事，爱护学生，忠实履行自己的岗位职责，"为了一切学生，为了学生的一切，一切为了学生"这是她教书育人的作风，她的做法深得广大师生的赞扬和尊敬，深受社会的喜欢和爱戴。她扎实工作，用坚持和行动践行着"人民教师"这一神圣的职业，在我的眼里，她是为数不多的把教书育人当成事业来做的敬业者之一。

这三十年来，张老师一直注重学生世界观、人生观、价值观的培养。她非常关注时事政治、国家大事，关心国家的发展，喜欢把一些正能量的人和事在课堂上分享给学生，教育学生要爱党爱国爱人民，要崇拜杨利伟那样的英雄，钟南山这样的科学家，要做社会有用的人，不要盲目崇拜明星，不要娱乐至尊、娱乐至死。作为一位初中历史教师，作为一名中共党员，她始终奋斗在基层教育教学的第一线，先后担任班主任、教研组长、教研室主任。注重政治理论知识和业务知识的学习，以政治理论武装自己头脑，坚持立德树人，认真学习贯彻党的会议精神，坚持依法从教、廉洁从教，坚持原则，严于律己，自觉抵制各种歪风邪气，在历史科教学中，她始终坚持严谨的学术态度和灵活的教学方法，用新课改理念指导自己的教育教学实践，做学生的心灵导师。她的成长足迹，在《一个教师的追求》打下了深深浅浅的烙印。

她热心公益事业，关心社会事务。多次组织班级学生为偏僻乡村学校捐赠书籍和体育用品，开展联谊活动，送去温暖与欢笑，让学生体会生命绽放的真谛。多年来，她坚持带领学生参加晨练和课间体育锻炼，积极参与宜章县好人协会公益活动，家庭教育公益讲堂。长期关注学生心灵的成长，2019 年 5 月，为学校家长学校做了《家校共育点亮心灯》的报告，指导学生正确应对迎考，同时提升家长的育人水平；2022 年 5 月她带头赴宜章党史展览馆参观学习，并带领部分师生开展学习宣讲宜章红故事活动，为全县兄弟学校师生义务宣讲红色文化，传承红色基因，产生了良好的社会效应，华声在线进行了多次报道。

作为一名新时代的老师，不管外在形象还是内在修养，都不能落后于时代，她言行举止文明优雅，得到学生的肯定，同事的赞誉。无私奉献，率先垂范，学生进入中考阶段后，学生负担重、升学压力大，老师的工作时间长、负担重。张老师每一个周六的晚上坚守办公室，小结每一位学生的情况，并有针对性地找学生谈心，关心帮助家住农村不能回家的学生，这让远在他乡打工的家长为此感动。她三十年如一日，争做"四有"好老师，提倡学生做四有好学生（有领导能力、有扎实学识、有家国情怀、有国际视野），做学生有毅力、有决心、做事认真、有坚定信念的表率，坚定学生决战中考的必胜信心。在坚持出满勤的同时，自愿放弃周末、五一、十一、春节等法定休息时间。2021 年 9 月，在学校初三毕业研讨会的演讲会上，她做了《三尺讲台筑梦想，人生舞台"智"出彩》的演讲，产生了良好的社会影响力；在 2022 年上期学校老师开学大会上，她再度演讲，赢得了同行们的高度赞赏，为广大师生播撒阳光师德带来强烈的效应，所有这些都是有目共睹的，在张老师这里，则已经是常态化工作了。

二、仁心如母爱，师心胜母心

除了教授历史，张珊丽还担任了班主任。

"勤奋努力，奉献爱心"是她当班主任的信条。担任班主任期间，她能够坚持正面教育，大胆从心理素质方面探索德育教育的触发点，关心学生，爱护学生，言传身教。在此期间，她几乎每天早晚都下班辅导，与学生谈心。对一些思想上不够成熟、自律性较差、孤僻自卑或自大狂妄等缺点的同学，她进行了细致的了解，从各方面关心他们，使学生觉得老师既是一个值得尊敬的师长，又是一个可以与他们谈心的朋友。然后再介绍一些有针对性的书籍给他们看、教会他们如何交友和处理好人际关系、帮助他们树立正确的人生观和学习正确的思维方法、鼓励他们发挥特长、向他们分析知识素养与成才的关系、引导他们关心集体，确立他们在集体中的进步作用等等，做过细的思想工作。无论在课堂上，还是在课外，她都一直奉行一个准则，就是在鼓励优秀生的同时更多地偏爱后进生，给他们以各种捕捉成功与欢乐的机会。因此，在转化差生、扭转班级学风上做出了突出的成绩，德育工作受到学校领导的肯定。

还记得张珊丽曾经带过一名自小和爷爷奶奶一起生活的孤儿杨明（化名），他成绩不好，性格孤僻，几乎都是独来独往。有一次端午节，张珊丽无意中看见杨明在学校闲逛，并且偷偷流泪。此时，张珊丽得知情况后，就把他带回自己家里一起过节，并主动给他的爷爷奶奶打去电话说："杨明在我这过节，你们不用担心。"听了张老师的话，杨明流泪了，他说："这是我人生最有意义的端午节。我的父母为了生计，长年在外打工，我的每个节日几乎都是孤独无助的。"是啊，当前留守学生的教育及心理，是我们老师应该关注的。吃完午饭，张老师让他带些粽子并送他回家，路上还特意给他买了些学习用品，鼓励他说："你现在是男子汉了，可以做家里的顶梁柱了……"在张珊丽老师的悉心、真诚、全面的关怀下，他渐渐融入了集体，成为同学们心中的"杨大哥"，成绩突飞猛进，最终以优异的成绩考上了宜章一中，听说今年高考他考上了厦门大学。张珊丽老师不止一回说，教好一个孩子，就等于成就了一个家庭，她绝不容忍一个孩子落下，的的确确称得上慈母心了。

在张珊丽老师的心里，教育应是一门"仁而爱人"的事业，因为爱是教育的灵魂，没有爱就没有教育。这些年来，她悉心掌握班级每一个学生的性格、爱好、脾气、秉性、兴趣特长、家庭情况，逐一加以引导，从来不因为有的学生不讨自己喜欢、不合自己胃口就冷淡、排斥，更不会把学生分为三六九等，她始终把自己的温暖和情感倾注到每一个学生身上，用欣赏增强学生的自信，用信任树立学生的自尊，助力每一个学生茁壮成长，算得上真正的为师之道。

三、勤耕课堂，佳绩累累

光阴荏苒，早生华发；青春退去，激情依旧。面对教育改革的浪潮，面对富有时代特征的学生，怎样在教与学两者之间找到恰当的结合点？怎样调整自己的心态以适应学生的年龄特征？她每天阅读思考、探索钻研，深入实践。

熟悉张珊丽的人都知道，她从不打牌，业余时间都用在了提升自我上。"学习强国"是她每天定期打卡的地方，通过加强中国特色社会主义理论体系的学习，不断增强四个自信，并积极通过课程中的典型素材引导学生热爱祖国、热爱人民、热爱中国共产党，增强学生的价值判断能力、选择能力和塑造能力，立德树人。她自费订阅了《中国教育报》《中学历史教学参考》《湖南教育》《郴州教研》等杂志，通过长期的学习及潜心探讨，她已经拥有优秀的教学方法、执教技能。

为了上好历史课，她结合现有的教学条件情况，充分发挥现有的教学资源，自编教案，自制教具，不断寻找适合现状的教学方式。截至目前，她自制多媒体课件百余项，编写导学教案百余课，分门别类地写了四万余字的读书笔记，撰写的论文《疫情形势下班主任工作之我见》获市论文评选一等奖，执教的《红色宜章》获省级教学比武一等奖。她积极参加国培、省培、市培等各类培训，先后六次被评为优秀学员。她运用培训中学到的知识，大胆改革历史教学的陈旧方法，探索新教学模式。

以学生为本，将学习的主动权交给学生，致力于开创自发式教学，小组合作式教学，小组获取式教学等教学改革实验，勇做教学改革的带头人。一分耕耘一分收获，很多老师都曾经呕心沥血过，也获得过许多奖项，只是没有坚持下来，少了些耐心，少了些恒心，也就与许多迎面而来的机遇擦肩而过了。

九中有位李姓老师讲，张珊丽老师什么都愿缺，就是不舍得缺荣誉，不舍得缺追求，这样的教师能不是师德的表率，教学的能手，科研的专家，爱岗敬业的典范吗？

淡泊名利只求真

他叫陈荣华，20世纪60年代第一个夏天，出生在宜章县岩泉镇一个叫上田村的农家，他用哭声发表了人生的第一个宣言，亮了老陈家的眼。又是一个秋崽。之前，老陈家生了四崽一女，不知什么缘故，才过一岁半便又一个个蹬了腿。叫贱点，命才硬，才好带。因此老陈家为孩子取了个奶名，叫"叫化子"。

叫化子和所有农村孩子一样，上农村小学、初中、高中，赶上了政治运动，书没念几多，便高中毕业了。还算幸运，上高中那年，便恢复了高考，第二年参加了高考，和百分之九十九的农村孩子命运相同，名落孙山了。那时候不兴补习班，回家务农，脸朝黄土背朝天，第三年，村小招民办老师，要三个，他考了前三，结果，前三都没有录用，理由很简单：你也会教书？为争一口气，他挤进刚刚红火起来的补习班，废寝忘食两年，终于晃过千人挤万人拥的独木桥，进了郴州市师范专科学校，专修中文，一毕业，分到了宜章七中。故事就从这里起步。

初生牛犊不畏虎，刚走进中学课堂的他，真有些不知天高地厚，不屑做教书匠，要当教育家。一九八五年，快速作文的第一棵芽破土在宜章这块红土地，他探索了两年，缺乏正确的引导，摸着石头过河的他，在高中的讲台上，滚打了三年，因为工作的调动，他由教高中调为教初中，其初心，并没有改变，只在层次上做了调整。

像一个流浪儿。说这话的时候，他一脸的平静。从宜章七中，到城关中学，到宜章一中，仅仅七年时间，便换了三个地方，选到宜章一中，又被赶回了城关中学。领导的理由是还没学会上课。说那事的时候，他一脸淡然。

什么是会上课，什么是不会上课，三十五年过去，他至今没有弄明白。城关中学评课会进入高潮。从不发言的他，被县教研室主任"逼"了出来。

首先声明：我是一位不会上课的语文老师，按理，是没有发言权的，也不会发言的。实在推不脱了，就说两句，一家之言，我认为自己好蠢，从小学到大学毕业，就三十六个知识点，每个知识点熬三节课，就是粽子，也熬化了。三十六个知识点，用不了一个学期就教烂了。你说是不是好蠢？仔细想想，我们在课堂上，回回字词句段篇，又是段落大意，又是写作特点，又是中心思想，一节课下来，重复啰嗦一大堆，废话占了百分之八十五还出头，是不是浪费自己的青春浪费学生的年华？满座骇然，议论声杂然而起。

他是有思想有智慧有高度的人，喜欢打比方。乡下的老太婆种菜，带女儿进菜园，告诉孩子先松土，再打洞，种菜时，掐断长根再插栽，头几天适量浇点子水。只此一回，来年，做母亲的，放手让孩子去做，绝不重复。也许有人会摇头，那是简单劳动，岂可与教书育人的复杂劳动同日而语？无论多复杂多简单，理还是那个理，不管那篇课文，所要解决的，总是写了什么，怎么写，感受如何，大同而小异。当老师的，只是习惯了抱着学生走，撒手让学生干时，不放心哩，竟然忘了，学生的路，总是要他们自己走的。

他玩得最起劲的是导读。在宜章七中，一块钢板，一支蜡笔，每每刻到深更半夜。第二天还要抄墨，亲手油印，印完两个班的资料，虽然那时年轻，却也有些腰酸腿痛，辛苦自己，轻松学生。那年头的老师，都好刻蜡纸，有板有眼，不少人，刻着刻着居然刻成了"书法大师"，他也差不离。善动脑筋的人，三年下来，就有收获。他主教的文科班出了三个大专生五个中专生，而理科，仅有一个保送生。当然，不是他一个人的功劳，与他的倡导和他的带动是密不可分的，这，也许是选调他进一中的理由之一。

玩导读，他推崇一课一得。他先是自己设计问题让学生解答，渐渐地，他让课代表参与，让班干部参与，让学习积极分子参与，由点带面，条件成熟之后，向两个教学班推广，个个自行设计问题，自己解决问题。不会提问的学生不是好学生。这句话，他至今挂在嘴上，成为他的口头禅。

自己的路自己走。毕业后的学生回母校，忆起我要学的时光，除了陶醉，还是陶醉。

文学社是他一生的遗憾。好多人数得出来，他一生创办了九子岭文学社、玉溪文学社、中夏文学社。每个文学社都没走两年，就夭折了，并非他不坚守。

"陈荣华说，宜章一中的老师，就数他得。"有人向校长汇报。那是不可能的事，一心做学问的人，是不屑王婆卖瓜的。其实，一心扑在学问上的人，哪有旁骛的时间张扬自己？一个单位，一所学校总有些个针针计较的人，害怕别人好过自己。三十年过去，至今没几个领导知晓，那一年，他讲座了三十六次，学生发了六十四篇（首）小说散文和诗歌，全国科学研究会主办的《科学诗刊》还以专辑的形式推出了中夏文学社社员的诗作，在其刊，当时尚属首次。他不擅长汇报，领导自然领不到。

离开宜章一中五六年才知晓，他的放羊式教学收到了很好的效果。他是半路接班的。初二有三个平行班，他接的那个班，班主任系全国优秀班主任，按理，那么优秀的班主任，带出的班应该方方面面都是出类拔萃的，不知什么原因，学习成绩却没有让人眼前一亮的，单科人平分没有一科盖过另两个平行班的。

他嫌学生太规矩了。他就是那样的人，不愿在规矩里终了一生。太呆了，太呆了。守规矩的课好上，他要的不是这个。他放过牛，太小，用绳子系腰。孩子都贪玩，又想拴住牛，怕走失，怕挨骂挨打，往往，牛犊不仅吃不饱，馋嫩草馋成痄积。他致力于培养头羊，每组一只，完成对头羊的培训，他就把羊群赶上山了，让头羊引领。那山上草嫩，羊们喜欢哪丛啃哪丛，算不算教育思想？这一年，五个科目超过另两个平行班，同样一个英语老师带的三个班，一年前尚落伍的班级，人平均成绩居然高出了八个百分点，是不是有点天方夜谭，可惜的是，他一辈子都不关注学生的分数，做得好不如讲得好，讲得好不如写得好的怪圈里，生存能力差的人是站不住脚的。

一连三个晚上不落觉了，电游那东西确实害人，又有五六个学生逃课了。

一下课，等不及洗手，便出了校门，东长街西横街广发路，一家一家问寻。好写作的人，当四处采风，那地方他从没涉足过，自然陌生。他揣个小本本，问一路记一路找一路，把宜章城翻了个底朝天，总算没白忙活，悬着的心总算落了地。

为首的那位姓何，一天到晚忙得焦头烂额，也就疏于引导疏于监管，等到发现时，对上瘾成疾的孩子无计可施了。那孩子百计千方往外跑，哪怕丢个垃圾，也要寻机开溜。其父用尽了办法，仍然没有制服孩子。

他看到了问题的严重性，把感化工作带回了家，和学生一起吃一起睡一起上学。一般说来，学生对班主任都心存畏惧，他把学生带在身边，两个月后，发生了意料之中的变化。当年的小何，现在是某中学的语文老师，他对当年仍旧"耿耿于怀"。老师带到家里后，一句也没提电游的事，只是对他读书监管得寸步不离，诱导他做作业更是细致入微，还敦促他参与体育培训，弄得他怪不好意思。读了大学参加了工作的小顽皮，十五年来，年年给老师拜年，从没间断过。调皮的孩子就是讲感情。大凡当过老师的，都有切身感受。

坚持的人，我见过很多，像他那样恪守的当真少见。

宜章七中学生毕业三十年同学聚会在平乐山庄进行。都半晌午了，当年的学生们三五成群叙旧。服务员小玉每次进去，离去的时候都欲言又止，她很想告诉这帮哥们姐们，我们是学友哩。其实，小玉一位也不认识，但这些人说话的腔调处事的派头，和教他的老师一模一样，是一个模子里刻出来的，她也离开学校十年出头了，老师的言行举止移植进她的心地。及至他的闪亮登场，终于得以证实。

老师，还记得我吗？学生也总想知道自己在老师心里的地位。他不看发声的地方，微闭双目，悠悠出《雨夜》《我比你淘气》《迎春花开了》《是夜无眠》……不是亲眼所见，谁也不会相信，三十年出头了，他还记得孩子们当年写的作文，就算提前通知了他，作了充分的准备，也难度太大，两个教学班，他也不知道哪些人来哪些人不来，总不会刻意背所有学生写的文章吧，都这把年纪了，精力记忆力也不会为他提供那样的方便。

这故事当真闻所未闻。他有上百个笔记本，是他一笔一画从学生作文本里抄下来的。三十多年如一日，颇不容易，但他那样走过来了，他把学生的作文当成宝，古董一样的宝贝收藏，为的不是待价而沽，而是不断成长自己。

他的眼睛贼毒，好文章差文章分的一清二楚，能上眼的，绝非泛泛之作，他评分的标准也就六个字：思想、智慧、高度，这六个字的含金量贼高。

简直泪雨倾盆。语文老师最拿手的是煽情，一轮抑扬顿挫下来，把孩子们引回到当年，一幕幕栩栩如生，能不令他们生出百感情怀？他最终说出了出人意料的大实话。他说，他一直活在学生的文章里，每嚼一回，都会长出不一样的庄稼，都会收割不一样的兴奋，当老师的，压根就没有成熟的，只有不断——不断成长的，也许，正是他对六十六学不足那句老话最好的诠释。

他是因为孝才回到岩泉镇的。他父亲九十六岁了，就他这么个独生子，生活不能自理之秋，他的回，是必须的，于是，他主动打了请调报告，背回学生的作文（他已经把它汇编成文集《乐园》），他想送给老家的孩子们。

眼看就要退休了，这时节的老师，有人开始躲任务了。"人生没有垃圾时间，人生的价值在于不断积累财富，创造财富。"难怪他只有小半年就要退休的时候，还主动提出要上语文课，要带教学班，经营呱呱叫的班级，培养呱呱叫的团队。尽管未能如愿，他依旧没事找事，而今，像他那样"挖洞寻蛇打"的少之又少了。

有事找我。在老家，他开口闭口我屋上的学校，我不做谁做？原总校校长李帮忠介绍：他人在岩泉镇中学，心系周边学校。他是玩写作的，在作家协会，任副主席，县文联机关刊物《莽山风》一编就十余年，每回看到学生作文眼睛就泛光，怜爱之情溢于言表。我刚调到岩泉镇学校当总校领导，他就提出想办一份校报，把方案摆到了我的桌面上。对他的善举，大凡想作为敢作为乐作为善作为的人都会倾情支持，权衡之后，《心韵报》应运而生，他组稿、改稿、校稿时常忙到晚上两点钟。该报发行后，得到广大师生称赞。"陈老来了。""上讲台亮亮相。"岩市小学有人提议，县十一中有人鼓动。哪篇课文，由你们选，钟一响就进教室，当真一根粉笔打天下。呵嗬，放羊式教学又上了岩泉中学周边学校的讲台。一课一得，高效课堂，快乐课堂，激情课堂都有元素，称之为杂家一点不为过。下课了，学生又问他自己的语文老师，陈老师什么时候会再来？

再次见到他的时候，他领退休证了，刚刚。自然法则，他一脸的平静。屋上的学校，推门就进，不用打招呼吧。看看，人退了，心依旧退不下来。也退不得哟。现在的学校，新进老师太多，缺少人带，我不提他也会带着他们往前走。"屋上的学校，要有一群好老师，要有一群好家长，要有一群好学生，更要一个好环境！"不正是他追求的育人桃花源吗？

管理规划篇

农村初级学校创新管理策略

经过课题研究小组一年的辛勤工作，学校课题组在市、县教育局领导的指导下，顺利地进行了"农村初级学校创新管理策略"的课题研究工作，现就研究工作进行总结：

一、基本情况

参与本阶段研究的8个同志，112名学生，按照课题实施计划，培养学生的自主管理能力和综合素养，推进学校分部、分层管理模式。

二、主要成绩和经验

摘要：创新农村初级学校的管理模式，提升学校的"两项常规"效果，推进学校管理特色，更好地服务于学校、服务于教师、服务于学生。

（一）管理篇：立足本职，推进学校发展思路

1. 常规管理：反复思索，多方征询，认真研究，结合校情，从实际出发出台和制订《学校发展规划》和各类常规管理制度：

（1）定位学校的发展目标"管理规范，质量提升，学生发展"；用1-3年时间学校的管理和质量综合排名挤升乡镇中学中上水平；

（2）确立学校的育人主题是让学校的孩子们"学会做人，学

会求知，培养习惯"；

（3）出台学校教师的工作理念：用爱和责任培育孩子，关注特殊家庭孩子的成长。通过行政会，教师例会，学生集会反复传达，身体力行并要求全体教工践行到日常工作中；

（4）借助合格学校的创建契机，积极争资立项，努力改善学校的办学条件和设备设施建设，为学校的发展和进步奠定坚实的基础。

2. 教师管理：注重人文关怀，提升教师工作的合力。

（1）作为学校的班长多尊重年长的同志，加强与他们的交流和探讨，通过上门座谈、散步交流、会餐沟通等形式，让学校的项目建设、经费管理做到民主公开，征求他们的意见后再行政研究实施。关心他们的身体和家人状况，及时问询，有效建议，让他们心里感受到温暖和贴心。

（2）给年轻和年富力强的同志抓学习、压担子、促发展。针对特岗教师有相对的专业特长，但不安心的现状，注重因人设岗，让他们的在电教培训、大课间活动、兴趣小组建设各展所长，收获赞扬。关心他们的生活和个人问题，引导他们安心从教，乐于从教。

（3）定期开展"温暖进家园活动"，通过亲情看望、家属座谈会、新年会餐等模式让学校家属投入学校工作之中。

3. 学生管理：让学校的孩子转变意识，做人学会角色转换，以讲座和实践活动使他们体会"如何为人、怎么相处"的重要性；举办大型运动会、晚会、书画球类比赛等活动，促进学生全面发展；通过生活费减免、勤工俭学岗位设立、政策帮扶、爱心助学形式，开展"孤儿型孩子不花一分钱完成学业活动"；建立"心理辅导室"，要求班主任和辅导老师学习相关心理疏导知识，通过心理引导和"相学"鼓励，让对应的孩子树立自信心、克服缺点、健康成长。针对学校（有中学部和三年级）学生年龄差距大，习惯不统一的现状，实施分部、分层管理，严禁以大欺小；遵循学生的学习规律和生活节奏不同，开设科学合理的管理机制（分区域、分窗口、分阶段），重心关注三年级孩子的自主生活能力的引导和培养，经过教育引导学校的孩子们都能和睦相处，健康的生活和学习。孩子们的养成教育和习惯教育日趋规范，各项活动有序开展，特别是《变形计》进课堂对孩子们触动深远。

学校管理的本源是服务师生的成长和发展，作为学校管理者自身更多的注入爱和责任是一定会收获成功的。

（二）质量篇：静心全力，提升学校教育教学质量

1. 反思教学，针对学校质量在全县垫底的现状，提出"教风促学风，班风转学风"的理念，"强化内部管理，转变工作作风，打造有效课堂，提高教育质量"；抓好抓实九年级的复习应考工作，从校长到科任教师，再到学生都全力以赴；并对七、八年级的教学工作早规划，早安排，转移工作重心，以质量立教，学校的所有工作都回归到提高教学质量中来。出台和制订《学校九年级教学成果奖制度》，并确保奖金到位。"教如逆水行舟，不进则退"，只有练好内功，注重方法，引导学生刻苦学习方能走出低谷，做到一年打基础，两年有进步，三年上台阶。

2. 推进课改，引导教师和学生学会"传递学习"，开展"传、帮、带"活动，让全体师生提升学习的有效性，注重教学与育人同步；各班建立平衡性学习小组，教师因材施教，开展"培优辅差"工作，合理运用"心理辅导室"，促进学生树立自信心；九年级孩子在冲刺阶段引导观看《冲出亚马逊》《一个都不能少》等情感电影，调整状态，激发斗志，让他们的潜力都能发挥好。教学有法，但

无定法。只有调动内因、适合校情、适合学生才能得法。

（三）习惯篇：以人为本，抓好师生养成教育

习惯决定成功，习惯造就未来。针对农村孩子家庭习惯教育欠缺，养成教育基础薄弱的现状，要求养成教育从教师抓起，进而言传身教的影响身边的孩子，要求师生用普通话交谈交流，方言不入校园；通过入学教育、国旗下讲话、集合集会、班会教导教给孩子们良好的做人习惯、生活习惯、卫生习惯和文明交往习惯；引导孩子大胆交往，特别是敢于在各种场合表达自己的观点和建议，学会主动积极与人沟通交流，为自己的发展奠定基础。开展"良好习惯带回家"活动，让孩子们把好的生活、卫生习惯带回家，进而影响身边的亲人和邻居；通过家访、家长会灌输这一思路。

任何一位成功的人，都具备良好的学习和工作习惯，就让孩子从小开始造就自身的成功。

课题研究极大地促进了学校管理和质量提升；为进一步培养孩子们的自主和创新实践能力奠定了基础；使全体教职工在日常工作中更能践行创新管理的主题；为农村初级学校的创新管理进行了大胆的尝试。

三、努力方向

加强学习，加强与重点中学的联系，积极参加对外交流，提高学校各项管理水平。

宜章六中关于加强校园常规管理的实施方案

一、加强校园常规管理的意义

加强校园常规管理，既可规范学生的日常行为，进一步加强未成年思想道德建设，杜绝外来不良干扰，又可保证全校师生的人身、财产安全，为学校营造安全、洁净、严肃、活泼、健康、向上的校风。

二、加强校园常规管理的办法

1. 管理要求：

（1）严格实行校牌管理制度。全校通学生必须佩戴绿色校牌，按时进出校门；凡私自伪造校牌的，要给予留校察看处理（第一次办理校牌不收任何费用）。

（2）通学生来校后必须放学后才能离开学校，晚自习后通学生必须按时离校回家，无特殊情况不得在校留宿。

（3）住宿生开学上课后，必须在校园内学习、生活、活动，无特殊情况不得出校门，不经允许不得擅自留宿校外人员。

（4）在校期间，所有学生均要穿校服。

（5）星期六晚、星期日下午，月末假及法定节假日为学生的休息日，学生可离校回家，但星期五、星期六晚，住宿生必须在 9：20 前返校，寝室大门上锁时间为 10：20。

（6）封闭管理期间，学生有特殊情况，需要出校门，必须严格履行请假手续，一律用政教处统一印制的请假条请假，一式两份，一份交班主任存底，一份出校门时给门卫看，并到门卫室做好请假记载。

2. 管理措施

（1）校门的管理

A. 学校门卫必须把好第一道关口，严格辨认校牌和检查校服的穿着情况，对没有佩戴校牌和未穿校服的学生不准进出校门，迟到的学生或有特殊的情况出校门的学生必须持证明并如实登记经允许后方可放行，对进出的校外人员严格查问核实并详细记载，否则作工作失职论处；

B. 学校新校门每天都要由学校安排人员领导门卫、值周班值岗学生搞好值岗工作；学校中门每天由学生会干部配合门卫搞好值岗工作。每天放学期间半小时值日行政人员，值周班班主任、门卫、值周班值岗学生、学生会值日干部必须到岗检查，严禁住宿生外出；

C. 其他时间由门卫直接管理。每天早上 8 点前门卫必须把前一天门卫的管理情况上报政教处。

（2）门卫的管理

门卫由政教处直接管理。门卫必须严格履行门卫的一切职责。如因为门卫未尽到责任而出了意外情况或造成了损失，由门卫负责，触犯法律的要追究法律责任。

（3）学生食堂管理

食堂就餐管理。学生只能统一在服务大楼内就餐。学生会、团支部、志愿者协助食堂工作人员维持食堂就餐秩序，也可代表学生向食堂管理委员会提出合理建议。食堂管理委员会有权督查食堂各方面的管理和饭菜的质量、卫生等情况。

（4）寝室管理

寝室铁门按学校要求准时落锁，寝室管理员严格按寝室管理要求搞好管理，政教处值日人员对没按时离开寝室的住宿生要如实登记，上课时间，任何学生不得进入寝室，如有特殊情况需有年级领导或班主任证明。就寝纪律管理实行学生会检查和政教处值日人员督查双层管理制度，每种检查必须要有如实的记录，并且在第二天上午在学校公示栏进行公示。每周按《宜章六中周文明寝室评比方案》评出"周文明寝室"，对评为"周文明寝室"的寝室和班级在下周周一国旗下讲话时进行表扬，授予寝室流动红旗，并在"周文明班级"的评比中，给予所在班级加分（每个周文明寝室每次加记两分）。

（5）班级管理

每周按《宜章六中周文明班级评比方案》评出周文明班级，并授予班集体流动红旗。特别强调：凡被评为"周文明寝室"和"周文明班级"的寝室和班级，必须在每周星期天晚上第一节课下课前把文明寝室流动红旗和文明班级流动红旗上交政教处曹新红副主任处，并做好记载。对于不按时上交流动红旗的，在下周"周文明寝室"和"周文明班级"的评比中，给予所在班级按每面流动红旗扣两分进行处理；凡损毁或遗失流动红旗的按每面流动红旗五十元进行赔偿，并给予所在班级按每面流动红旗扣五分进行处理。

三、加强校园常规管理的特殊情况处理

1. 凡住宿生要求到校外吃饭的，只要由本人写出书面申请，且把家长请到学校，家长和班主任及年级领导签字同意，再由班

主任把学生的书面申请交给政教处存档，学校同意其外出就餐并发放黄色校牌，推迟十分钟外出就餐；学生在校外出现任何安全问题，一律由学生本人和家长负责，学校不承担任何责任。

2. 凡住宿生要求转为通学生的，只要由本人写出书面申请，且把家长请到学校，家长和班主任及年级领导签字同意，再由班主任把学生的书面申请交给政教处存档即可；凡中途住宿生要求转为通学生的，学校不退住宿费。学生在校外出现任何安全问题，一律由学生本人和家长负责，学校不承担任何责任。

四、加强校园常规管理的检查督促

1. 学校行政、政教处、学生会每天组织专人检查。

2. 对违背校园常规管理的要通报批评，并与班级管理量化挂钩；情节严重的严格按学校管理制度进行处理。

宜章六中 2018 年法治教育工作计划

一、指导思想

坚持以党的"十八大"四中、五中精神为指导，以科学发展观统领德育工作，全面贯彻落实党的教育方针。认真贯彻落实《公民道德建设实施纲要》《中小学生开展弘扬和培育民族精神教育实施纲要》，坚持以理想信念教育为核心，以爱国主义、社会主义、集体主义教育为主线，以养成教育为重点，以思想道德建设为基础，以青少年身心健康全面发展为目标，以班级和年级教育为主渠道，以国旗下讲话、班会课、晚自习读报课和学校各种德育活动为载体，以科学规范管理为保证，坚持解放思想，以人为本，与时俱进，分层构建德盲目标，努力提高德育工作的针对性、实效性，培养德、智、体、美、劳全面发展的社会主义合格建设者和接班人。

二、工作目标

巩固提高校园文化建设水平，积极创建省级安全文明校园。大力加强年级主任、班主任队伍建设，在本年度力争实现全校班主任在县级以上获奖五十人次，其中县级四十人次，省、市级十人次；大力加强校园文化建设，积极鼓励学生参加各种德育竞赛活动，在本年度力争实现全校学生在县级以上获奖三百人次，其中县级 270 人次，省、市级三十人次，走科研兴校之路。

三、具体措施

（一）明确工作职责，划分工作任务，增强责任意识。

1. 政教处要学会统筹兼顾，抓大放小，充分发挥政教处对全校工作的指挥、协调、监管、督促作用。

2. 政教处要积极发挥团体的功能和作用，团结一切可以团结的力量，充分调动大家的智慧和积极性。

3. 政教处要明确政教处正、副主任，年级正、副主任、全校班主任门卫保卫人员工作职责，做到各履其职，进一步增强全体德育管理人员的责任意识和创新意识。

4. 成立工作组，划分工作任务，实行年级责任工作制。

组长：余恒真

成员：何佩佩、李诗召、曾友娥、曾凡春、欧阳厚雄、李志堂、李意兰、彭娜、高扬、杨钦及全体班主任、全体语文老师。

工作小组下设活动办公室，由欧阳厚雄兼任办公室主任，负责处理活动日常工作；根据工作需要，以年级为单位成立五个工作小组：

（1）高二年级工作小组

组长：刘灵松；副组长：何佩佩、杨钦

成员：高二年级全体班主任、语文老师

工作任务：教师德育管理论文县级获奖 12 篇，市级获奖 2 篇；学生各种德育活动竞赛县级获奖 90 人次，市级获奖 10 人次。

（2）高三年级工作小组

组长：余恒真；副组长：曾友娥、高扬

成员：高三年级全体班主任、语文老师

工作任务:教师德育管理论文县级获奖 11 篇,市级获奖 2 篇;学生各种德育活动竞赛县级获奖 70 人次,市级获奖 10 人次。

(3)高一年级工作小组

组长:刘陈万锋;副组长:李诗召、彭娜

成员:高一年级全体班主任、语文老师

工作任务:教师德育管理论文县级获奖 9 篇,市级获奖 2 篇;学生各种德育活动竞赛县级获奖 20 人次,市级获奖 2 人次。

(4)初三年级工作小组

组长:谭连生;副组长:曾凡春

成员:初三年级全体班主任、语文老师

工作任务:教师德育管理论文县级获奖 4 篇,市级获奖 2 篇;学生各种德育活动竞赛县级获奖 60 人次,市级获奖 5 人次。

(二)抓好队伍建设,强化德育意识

1.通过班主任会议组织全体班主任认真学习新的德育理论,进一步明确新形势下德育的内涵,不断探索德育的科学规律,提高班主任教育管理水平。

2.定期召开全体班主任工作例会,对班级管理中出现的问题及时解决,听取反馈,部署工作;组织学习德育工作理论、优秀班主任事迹等,推行经验,不断提高班主任工作能力和水平。每学期每位班主任上交班级工作感悟一篇,并组织相关人员进行评奖,凡从网上下载的一律定为不合格,努力引导班主任由经验型向理论型转变,管理型向研究型转变。

3.做好新老班主任的结对帮扶工作,指导和帮助年轻班主任掌握班级工作的策略和方法,指导和帮助班主任开好主题班会,开展班级活动,搞好班级文化建设,增强班级凝聚力,形成有利于学生学习、生活的班级氛围。

（三）创新德育载体，完善德育机制

本年度在发扬学校传统特色和优势的基础上，积极探索德育新形式，进一步优化德育工作，努力开创德育工作新局面。

1. 组织班主任学习《宜章六中班主任工作职责》《文明班级、文明寝室评比细则》和常规检查办法，实行周考评制，力争使我校德育工作向制度化、规范化、科学化方向不断迈进。

2. 以班为单位组织学生学习《中小学生守则》《中小学生日常行为规范》《学生文明礼仪规范》，强化学生行为习惯养成教育和心理健康教育，营造优良学风、班风、校风，使学生言行举止更加文明，心理品质更加健康，努力形成学校德育工作新局面。

3. 根据我校实际，启动半封闭管理工作。

4. 进一步完善家长学校，充分发挥法制副校长的作用，建立强有力的德育工作机制。通过组织召开家长会，帮助家长改进家庭教育思想和教育方法，提高家庭教育水平；通过组织召开每期一次的法制讲座，普及法律知识，提高学生的法律意识；努力形成学校、家庭、社会携手的教育合力。

5. 搞好《校园生活》《政教简报》的创办工作。

6. 及时做好政教工作的宣传、报道工作。

（四）以思想道德建设为主线，扎实提高学生的思想道德素质

1. 抓常规德育教育，促进学生良好习惯的养成。

（1）抓好行为规范教育，重视学生良好习惯的养成教育。开学之初，各班要组织学生认真学习贯彻学校有关学生管理的各种制度，并做到及时检查反馈。要用两周的时间集中进行行为规范系列教育，强化训练，培养学生自我约束、自我管理能力，为日后优良班风的形成奠定基础。

（2）在校务委员会的统一指导下，政教处将携手办公室、团

委、总务处一起分工协作共同承担班主任工作考核。各班要自觉强化学生的管理,切实抓好各项制度、细则的落实,促进良好班风、校风的形成。

2.广泛开展特色鲜明的主题教育活动,加强对全体学生的思想教育。

(1)利用国旗下讲话、班会以及板报橱窗等阵地对学生进行"文明习惯和生活习惯"养成教育,理想信念教育、社会公德教育、遵纪守法教育、弘扬民族精神教育、勤俭节约教育、心理健康教育等。

(2)坚持每学年一个教育主题,每个年级都有教育重点,扎实有效地开展丰富多彩的主题教育活动。当前,结合我校的实际情况,德育的核心是:成人、励志、成才,具体落实到每个年级就是:初三年级以"迈好理想第一步,做合格的初中毕业生"为全年工作重点;高一年级以"行为规范和文明礼仪教育"为主,对学生进行行为习惯,文明守纪,人际沟通与协作、宽容和适应教育;高二年级以"责任心和感恩教育"为主,教育学生热爱祖国,热爱家园,提高社会公德意识,教育学生感恩家长、感恩师长、感恩社会;高三年级以"成人教育和心理健康教育"为主,引导学生坚守理想、奋力拼搏,形成健全的人格和良好的心理素质以及良好的价值观、人生观教育。

3.充分发挥团委的作用,挖掘民族优良传统和传统文化精髓的教育意义,传承民族文化,加强校园文化建设,营造积极向上的人文氛围,发挥文化建设的育人功能。

(五)积极创建省级安全文明校园,确保全校师生安全。

通过开展"安全文明校园"创建活动,进一步建立健全学校安全防范体制,全面建立维护校园及周边治安环境稳定的长效机制。努力提高师生公民道德、职业道德、文明修养和民主法制观念，不断提升校园文化质量和校园文明程度。全面落实学校各项安全工作制度和坚持每周一次的安全教育、强化责任、加强督导，确保学校无安全事故、无纠纷案件、无上访事件、无周边环境问题、无非法集会活动。以求师生平安、秩序井然。

（六）及时处理各种违纪学生，对全校学生进行警示教育。

对违纪学生要坚决做到"三个一票否决"：评优评先一票否决、各种奖优、扶贫一票否决、毕业证发放一票否决。

具体来说，主要坚持以下四个制度：

1.及时化解各种矛盾纠纷，实行一般问题不过夜制。

2.违纪学生层层审核签字制。

3.违纪学生公示制。

4.违纪学生改过后，处分撤销制。

总之，让学生树立纪律、法治意识，养成规则习惯，成长为知法、懂法、守法、用法之人。

宜章六中思想道德调研分析报告

摘　要：文章通过调查总结宜章六中学生德育的基本情况，分析当今高中生的思想道德现状；概述新时代辩证人才观，育德与育才的结合，立德与树人的结合，进一步探讨新时代的育人观。

关键词：高中生思想道德现状分析；人才观、育人观。

一、学校基本情况

（一）学校校史简介

宜章六中创建于 1958 年 4 月。历经 19 任校长，几度更名、搬迁，随着社会的进步和发展，由一个乡级初中发展壮大为今日的市级示范性高中学校。最初校址设在太平里公社周家湾村后山岗；1984 年 7 月中旬搬迁至白石渡车湾嘴原铁五局一处三段所在地；明确为副局级事业单位，归宜章县教育局管理；1987 年 8 月搬迁至现址（宜章师范原址），恢复高中招生；1988 年 8 月省教委批准为一类完全中学；1996 年 1 月学校晋升为正科级事业单位；2002 年 6 月市教育局正式批准为郴州市重点中学，升格为全日制高级中学。

（二）学校现状简介

学校占地约 117 亩，校园面积 78003.9 平方米，总建筑面积 31512 平方米；学校绿地率 95% 以上，布局合理，层次分明；共有 50 个教学班,其中高一 18 个班,高二 16 个班,高三 16 个班;学校教职工 207 人,学生 2955 名。学校贫困生 401 人,所占比例为 13.6%;留守学生 1679 人,所占比例为 56.8%;残疾学生 7 人,所占比例为 0.23%。学校以"办人民满意教育"为宗旨,树立"合格加特长"的办学理念,秉承"励志、立德、博学、强身"的校训,以"校风正、学风浓、秩序好、校园美、现代化、高质量、有特色、示范性"为办学目标,全面推进立德树人和教育教学。

二、调查方法概述

笔者于今年 9 月份回到家乡学校(宜章六中)深入开展思想道德教育的问卷调查活动,深入考察和走访学校师生与家长,调查活动内容涉及学生思想政治意识、个人价值观、法制观念、道德观念、心理品质分析,结合学校德育实施情况,分别发放学生问卷、教师问卷、家长问卷各 100 份,共回收有效问卷 296 份,回收率 98.6%。

三、宜章六中学生思想道德情况调查分析

(一)思想政治意识的分析

"才者,德之资也;德者,才之帅也"。高中阶段是孩子形成"德与才"的重要时段,我们学校教育的立德树人应该树立"辩证的德才观"。调查发现有 68% 的孩子比较关心的社会问题是"农民工问题"。这与学生的生活环境相关,大部分学生家长外出务工,散落在附近省份城市(主要是广东省),孩子们关心这个问题是出于对父母亲人的关心。其次对于"爱国、爱党""国家重大事件""如何报效祖国"等国家层面问题所占比重为 53.6%,这也是学校德育工作的重点课题,促进学生树立"有国才有家,国强才

能民安、民富"的集体主义、爱国主义观念；积极引导学生通过参加各项爱国运动，客观评价历史发展和各项重大事件，激发爱国、爱党、爱家情怀；"藕发莲生，必定有根"，高中时期是学生从青少年成长为青年的重要阶段,宜章六中通过常规德育活动（主题讲座、班会、团队活动、国防教育等），创新的自行编撰《德育校本教材学生读本》施教的模式，让家国情怀、家校情怀深入人心。

（二）个人价值观的分析

高中阶段是孩子们人生观、价值观形成和定型的关键时期。学生的价值取向，是指价值判断和价值选择过程中体现的各种趋向，其实质是本人对生活、职业、道德、社会等方面的评判和追求。通过调查93%的学生能积极树立自己正确的人生目标和价值取向；也有5%的学生没有目标；2%的学生出现消极的人生价值取向。学校开设专门的人生规划教育,全力促进孩子们健康、积极、上进的价值观养成教育。

（三）法制观念的分析

该校2017年积极创建了全国"零犯罪"学校，并顺利通过这一评审；学校通过法制讲堂、普法教育、"法律知识带回家"等活动，积极灌输师生法律行为和法制理念。这一调查目的为的是了解学生是否具备法律意识，是否能用法律保护自己，是否具有遵纪守法、维护法律的观念。活动调查中98%的学生具有一定的法律知识和法制观念，具体怎么运用只占66%左右，说明实践用法的培养缺乏，贯彻依法治国理念，更应该大力推进学校法制教育，让学生学以致用，遵纪守法。

（四）道德观念的分析

人的道德观念内涵是一定程度上与人的价值观念重合和交

叉，这一调查目的在于了解高中生是否形成良好的道德品质，是否具有"爱国、敬业、诚信、友善"的核心价值观精神。调查显示：高中生已经基本形成一定的良好品质，表现为大部分农村孩子、留守孩子在淳朴民风的熏陶中形成善良、自强、厚道的品格；所占比重为88%；部分独生子女和城镇孩子表现正直、勇敢这也非常可贵；83%的孩子都能尊重长辈、孝敬父母和亲人，更能体谅父母的不易；89%的孩子能自觉养成良好卫生习惯。这一现象说明学校教育不能以单纯的成绩是否优秀评价孩子，更应综合日常的品德、行为更客观公正的实施评价，更能激励学生健康成长和良好道德的形成。

（五）心理品质的分析

这一分析主要调查学生承受挫折的能力和克服不良习惯的素质。由于我们现在孩子从小劳动教育和实践的缺乏，这一调查结果不太理想：53%的学生面对挫折选择逃避或者换个路径前行；67%的学生对于手机游戏成瘾不能积极克服；11%的学生不能坚持按时吃早餐；这一系列现象说明：1.劳动创造人本身，应该积极开设一定劳动实践课程，让学生的意志品质、心理素质在劳动中成长；2.对于手机的管控和教育应探讨更有效的教育途径；3.进一步培养学生良好的生活作息习惯，身体好才能学习好。

四、宜章六中学生思想道德教育策略探讨

1.学校坚持德育首位，凸现德育特色，坚持"以人为本，以德为先"的教育思想。学校从整体优化德育工作目标出发，建立了一支健全的德育工作队伍，从2008年开始开展"德育骨干培训活动"，参加培训的达800多人次，编写了《宜章六中德育学生读本》校本教材，形成了"全员德育，全程德育"的学校德育氛围。德育活动计划能落实，实效性强。

2.学校各年级成立了家长委员会，建立了学校、家庭、社会三位一体的德育工作网络，构建了以活动为载体的德育教育模式。

3.学校为加强对学生理想、心理、学业等方面指导的要求，探索"生活德育"工作新途径，全面推进素质教育，促进学生综合素质的不断提高，制定了《宜章六中学生发展指导工作制度》。学校利用主题班会、专家讲座等形式，培养学生形成正确的人生观、世界观、价值观，树立远大的理想；学校开设了心理咨询室，配备了专业的心理学教师，对学生进行心理健康教育，促进学生形成健康的心理素质；帮助学生增强学习兴趣，改进学习方法，提高学习能力；培养学生健康生活、生涯规划的意识和能力；预防学生在理想、心理、学业、生活和生涯等方面出现问题和困扰；唤醒学生在遇到相关问题和困扰时的求助意识，减少其对学生发展的不利影响。

4.高一、高二开设了校本选修课程，每星期各班同时开设1节校本选修课，构建了学校特有的以校本科研为依托的校本选修课程文化。学生自主选择，促进个性发展。

5.学校能认真贯彻《学校体育工作条例》，保证学生每天1小时以上体育活动时间;常年坚持"两课""两操"和课外体育活动，并有活动安排表，每学期均对学生进行体育成绩考核，每学年举行一次全校性运动会，以年级为单位开展了篮球、拔河、广播体操等比赛。

6.学校能认真贯彻《学校卫生工作条例》，开展了形式多样的健康教育活动，学校开设了心理健康教育课程，成立了心理健康咨询室，定期出卫生专刊，定期搞好环境卫生和防疫消毒，重点防治近视、沙眼、甲肝、乙肝、结核、流脑、红眼病、流感、痢疾等常见病、多发病。促进学生养成体育锻炼习惯和健康的生活方式。学校为每名学生建立了健康档案，及时了解学生的健康状况。学校定期组织学生体检。毕业生体检合格率达 100%，体育达标率 99.3% 以上，常见病发病控制在 2% 以下，近视眼新发病率低于 4%。

7. 宜章六中有着丰富多彩的校园文化活动，如：元旦晚会、校园歌手大赛、诗歌朗诵大赛、篮球赛、运动会、美术作品展、"艺美六中"才艺表演等。学校每学年举办一次全校性的校园文化艺术节，为学生提供展示专业的平台，激发内在的潜能。

8. 每期开展法律法规、交通安全、禁毒、消防等安全知识教育讲座。学校确定每期的第一个月为安全教育月，集中进行防火、防盗、防溺水、防伤害、交通安全等方面教育，还不定期请县司法局、公安、消防等部门专家进行法律、安全知识讲座，每期举行一次消防安全疏散演习。进一步增强师生法制理念和安全防范意识。

9. 组织社会实践课程：学生每期 2 个学分，每学年考核一次，交"社会实践登记表"参与社区、乡村服务：学校不统一安排时间，学生可在高一或高二期间的假日内进行，但工作日必须达 10 个以上即得该学分，学分统一记载入"学生成长册"。各年级研究性学习课时安排采用分散与集中相结合，第一学期第一学段前四周每周安排两课时（连排课），完成研究性学习的基础知识常识培训，活动小组的组成，指导老师的配备，布置任务，进行课题研究的备案登记，然后由学生自主开展活动；第二学期集中安排四天，期末一天进行学习活动成果展示，一学年共 54 课时。

宜章六中只是中国教育的一个细胞，折射出当今教育的热点与难点。如何让我们的孩子德、智、体、美全面发展和成长；如何构建更多优秀的教育团队参与学生思想品德教育之中；如何社会、学校、家庭三位一体引领孩子立志、成长、成才！我们教育人"重任在肩，使命光荣"。新时代的辩证人才观指引我们教育人应创新德育的机制和方法，坚持育德与育才结合，坚持立德与树人结合，做一个新时代中国教育的实干家。

宜章六中就本县全年经济工作目标任务的建议和措施

2021 年是中国共产党百年华诞之年，是"十四五"规划开局之年，按照《宜办字（2021）5 号》的通知要求，结合"五个宜章"的建设目标，现就 2021 全年经济工作目标任务提出相关建议和措施，请批评指正。

（一）抓好人才引进工程，促产业发展

为政之要，关键在人；发展经济，关键在人才。结合主要工作任务分解表中 151 项任务，亦可归类为园区产业、旅游产业（大莽山与乡村旅游）、农业产业、脱贫成果巩固产业、相关项目建设；这些目标任务相对都是长期坚持发展的产业，能否引进专职或兼职相关专业人才，细化、跟进、指导是促进相关任务的早日落地、实施的关键。

（二）抓好工业产品质量，促工业增长

一是高标准、高质量推进工业产业改革，加强对重点产品、重点行业和优势企业的扶持，鼓励企业加大技术研发；二是创新招商理念，拓展招商空间，不断优化招商引资落地政策，营造良好的招商引资氛围；三是大力发展民营经济，充分集中民智，激发民力。

（三）抓好农业产业振兴，促农业增长

大力振兴乡村产业，继续按照"一县一特""一乡一品"发展思路，在资源优势中培育地方特色，在传统产品中筛选优势品牌，继续大力重点推动"宜章脐橙""莽山红茶""宜章油茶"等优势产业发展及品牌化建设，培育发展特色经济，进一步推进农业和农村经济结构的战略性调整。

（四）抓好全域旅游，促资源增长

一是充分发挥"旅游+"的产业带动功能，使旅游业与其他相关产业深度融合，形成新的生产力和竞争力；二是旅游发展布局应建设一批高质量旅游景区、线路，并以此为引擎，强力辐射、带动其周边毗邻地区旅游开发经营，全面推进城乡资源和产业的旅游化发展，将宜章建设成国内知名的全域生态文化旅游目的地。

（五）抓好民生改善，促和谐发展

解决群众反映最集中、最期盼、最迫切的民生热点问题。一是继续抓薄弱学校改造和标准化学校建设，进一步加强城区学校改扩建工程建设，合理配置教育资源，优化教育基础设施建设；二是突出抓好高校毕业生、城乡困难群众等就业问题；三是继续开展民生大爱行动，将"十大惠民工程"落实落地，使居民生活进一步提高；四是继续建设"平安宜章"，不断强化社会综合治理，提升全县人民幸福指数。

总之，全力做好争资立项、招商引资，用项目拉动经济增长、用产业增加财政收入；因地制宜做好旅游产业和乡村振兴，引进各类人才、助推经济发展；做好相关服务，切实解决外地客商的后顾之忧；大产业拉动小服务、小民生，确保各项经济目标顺利完成。

学习成长篇

品读精品学习智慧提升素养

——学习《做一个智慧的校长》感悟

学校管理之三重境界：一个好校长就是一所好学校，称之人格管理；建立健全规章制度，称之制度管理；价值追求与文化引领，称之文化管理。一所好学校，必须传承治学严谨、人文关怀、艺术品位、审美感动、创新激情、儒雅风范之文化精髓。《做一个智慧的校长》和《学校管理的50个成功案例》充满智慧的火花、管理的艺术与文化的张力，实属学校管理的前沿成果。他山之石可以攻玉，学有所感、学有所得、学有所动，在不断学习中成为研究型管理者，打造学习型班子，构建书香型校园，为打造"管理规范质量提升学生发展"的学校作出不懈努力。通过品读《修炼佛的心境》一文使我想到了我们的学校管理。作为校长，处其位谋其政。我们经常说，一个好校长即是一所好学校。思想有多远，就能走多远；胸襟有多宽，事业就有多大。那么，身处校长的位置，应该有一个什么样的心态？怎样看待自己的老师？怎样去做一位好校长？或许，我们从东坡与佛印的智慧对话中，能够得到一些启示。

首先，学会识人用人。追求卓越管理，促进师生发展，提升自己的学校品质是校长的天职，什么是管理？许多专家学者下过不同的定义，其实，说白了，管理就是组织人才和塑造人才。对一个组织来说，人才是最核心、最有竞争力的因素，"为政之要，惟在得人"。从这个角度说，发现人才、培养人才、发展人才、使用人才，是校长需要终生修炼的功课。校长的眼光、校长的胸怀、校长的品格、校长的境界，决定人才成长的土壤。佛的教义认为，人皆有佛性，教有慧根，天下无不可度之人，无人不可度。我们的管理要善于用人之长，补己之短。所以，当我们用佛的心境来识人时，则人人都是才，量其才而用之，必会风光无限；相反，如果用魔的心境来识人时，则人人是魔，必以严律苛规管制之、束缚之、监视之，导致自己成为孤家寡人，必难成事。教育是一项充满智慧的事业，更需要伯乐式的校长，学会识人用人任人。

其次，学会换位思考，管理工作千头万绪，即使是最优秀的校长，工作中的问题也不会消失。面对问题，特别是复杂的棘手问题，校长要有一种处变不惊的心态，每遇大事要能沉下心来，才能理智应对；要学会换位思考，换种眼光看问题，换个思路解决问题，才会柳暗花明。从对方的角度来认识对方、理解对方，都会找到对话的资本、双赢的问题解决方法，同时也使你收获尊重。同样是人，在佛印看来，对方是佛；而在东坡看来，对方是牛粪。两人性情、禀赋、身份固然不同，但在各自眼中的物象竟是如此迥异。为何？心境不同。如果，我们能够学会从东坡的心境中走出来，从佛印的角度看问题，也许更有可能找到问题的根源，甚至，可以把问题当作资源或者思路，像庖丁解牛那样，处理问题才会游刃有余而豁然解之，因为基于问题的策略和行动往往更加有效。换位思考，正确取舍，是一种气魄和智慧。

再次，要有佛的心目。佛心慈悲，心境空明，宽厚为怀，普爱众生，启迪良知。拥有一颗这样的佛心，管理中才会以人为本，崇人敬事，以德行政，群贤毕至；拥有一颗这样的佛心，才会端正位置，从容不迫，礼乐化人，政通人和。佛神目如电，洞察细微，透视本相，明辨是非，深刻睿智。拥有佛目，才会明了于胸，善抓主要矛盾，破解发展难题；拥有佛目，才会知人善任，任人唯贤，人尽其才。故而，校长要常修为政之德，志于道、依于仁、居于行；游于艺而不倦，慎权、慎欲、慎独、慎微而不懈，视教师为佛，视学生为佛，向佛学习，涵养品性，凝聚智慧，科学决策，民主管理。则学校才智茂盛蓬勃发展。学而时习之，不亦说乎；学而常用之，收获颇多乎。此为学习感悟，与诸君共勉。

领航高端，研修有感

——参加湖南省"省培计划"贫困地区、民族地区高中校长研修纪实感悟

我们湖南省学员组用"惟楚有才"的精神汇聚首都参加本次学习培训。通过这期研修培训改变自己的思维，进而辐射到自己的实践，引领学校管理的转变，为民族地区和贫困地区的教育做好服务。我们的开班仪式中相关与会领导云：

1.本期研修培训能在北京开班的原因和来之不易；开班是为了前行、为了引领方向；关键是农村教育的现状和解决路径；

2.做一名教育管理的"乐知者""好知者"需要的是静心学习、认真思考、学以致用、勇于实践、积累提升；

3.回顾习总书记考察湖南讲话主题：一个人遇到好老师是人生的幸运，一个学校拥有好老师是学校的光荣，一个民族源源不断涌现出一批又一批好老师则是民族的希望（2014年9月9日北师大师生座谈会）。

4.培训是给出征的战士备好干粮，给腾飞的雄鹰插上飞翔的翅膀。王冬梅教授云：管理中"管"是过程，由活动与细节组成；"理"是一种总结与提升，是递进与上升的过程；由管到理积累成经验，形成有效的方法和策略，形成管理模式和管理文化。

我们的学习授课专家与主题有：严庆《如何认知新时代深化民族团结进步教育》、安彩凰《新时代背景下的教师队伍建设和管理》、刘儒德《基于认知规律的课堂高效教学》、王曦《新高考背景下生涯与学业发展指导》、王冬梅《学校文化建设和管理探索》、郑克强《理解课程标准，提升教学引领能力》、李红婷《高中育人方式改革》、杨东波《新高考背景下的课程管理》、兰俊耀《基于学科核心素养的教学思考》、李晓庆《数据指引下的高中校长信息化领导力》。

专家用心授课，学员静心为学。

《教育的力量》一文中，旁征博引，阐明了这样一个道理：教育孩子是我们所有事业中最重要的事业，它是我们唯一的真正的防卫。引用了加尔布雷思在他所著的《好社会》中的一句话来论证教育对于一个国家、一个社会的重要性："在当今世界上，没有任何一国受过良好教育的人民是贫穷的，也没有任何一国愚昧无知的人民是不贫穷的。民智开启的地方，经济发展水到渠成。"教育者依然要满怀理想与信念，新时代教育环境中寻找教育的出路。教育者最重要、最有价值的事，是让学生受到美好的教育。美好的教育会让学生拥有渊深的学识、清明的才智、宽广的胸怀和高贵的教养。而美好的教育一定要致力于引领学生用自己的眼睛观察，用自己的灵魂感悟，用自己的头脑判别，用自己的语言表达。教育者在平时的教育教学活动中，有了这样的教盲目标并能付诸实践，美好的教育会使教育对象成为真正的人，成为他自己，成为一个不可替代的、立于天地之间的大写的人。

怎样让教育富有力量，怎样让学生拥有良好的教育呢？

教育中，如果我们能用心去营造一种充满真情与关爱的氛围，良好的教育就有了最切实的保障。爱孩子是母亲也会做的事，如何爱是一门高深的学问，在中国，很多爱变成了捆绑与毒药，让孩子深受其害。《从儿童权利公约说起》一文中提到了完整的、健康的爱的五个要素，即了解、尊重、关怀、给予、责任。倘若缺乏了解，爱就是盲目的；倘若缺乏足够的尊重，爱就会变为支配与控制；倘若缺乏关怀与给予，爱就是空洞与苍白的；倘若缺乏责任，爱就是轻薄的。没有爱的教育是可怕的，因为初中或高中三年的分分秒秒都像是痛苦的煎熬，都像是在刀尖上跳舞，灵魂怎能不痛苦疲惫？学生又怎么会满怀激情地学习生活？"凡是教师缺乏爱的地方，无论品格还是智慧，都不能充分地或自由地发展。"没有任何真正的教育是可以建立在轻蔑与敌视之上的，也没有任何一种真正的教育可以依靠惩罚与制裁来实现。真正的教育只能建立在尊重与信任的基础上，建立在宽容与乐观的期待上。真正的教育存在于人与人心灵距离最短的时刻，存在于无言的感动之中。

用思想提升教育的品质，以教育家的情怀思考着教育这个无比重要的话题，作为人文学的教育学必须深切关注人的现实，关注人的命运与未来，关注学生的心灵世界，关注教育者的欢乐与痛苦。应该倡扬一种社会的理想、人生的理想、教育的理想，应该始终飘扬着一面大写着"人"字的旗帜。真正的教育的目标应该是高远的，当一个人的思想真正觉醒之后，他会千方百计去挖掘自己的潜能，他会自己去追求高分，自己去打拼无限美好的前途。培训就是唤醒，唤醒自己，唤醒学生，让我和学生信心满怀地携手走在一条光荣的荆棘路上。

对于年复一年日复一日从事教育工作的人来说，如果找不到支撑自己继续前行的力量，就像在荒凉的沙漠中行走一样，丝毫感觉不到教书的乐趣，久而久之就会生出职业倦怠之感，仅仅只是为谋稻粮而已。我们送走了一批又一批学生，教学工作相对辛苦，但是骨子里对教书这个职业从来没有厌倦过，只是让自己和同行、学生们都有力量的前行。这就需要我们多思考，努力去寻找解决问题的良方。

笔者认为：

一、营造美好的氛围，让课堂焕发出生命的活力；

二、相对减轻师生的负担，让师生有足够的闲暇发展广阔的心理空间，让思想自由翱翔；

三、教师要以古典的心情对待学习，努力实现自己的专业成长。

《负担过重何以会导致肤浅》一文中说："负担过重之所以会导致肤浅，原因恐怕就在于负担过重使得一个人忙忙碌碌，疲于应付，没有足够的时间去消化、深化、细化所获得的知识，去发现知识的个人意义，去构建属于自己心灵财富的知识。久而久之，学生变得内心麻木，机械呆板，未老先衰，暮气沉沉。"闲暇与慎独是一个人自由发展的空间。没有二者，就没有自由的发展；没有自由发展，就没有对世界深刻、独到的感悟、体认、理解与把握。思想的自由翱翔，需要广阔的心理空间，而负担过重只能使人的内心世界变得逼仄。要改变这种老师和学生都被负担压得喘不过来的状态，就需要教师静下心来，重新审视自己的教盲目标，琢磨适合自己学生的教育方法，提高自己的专业素养。要通过心与书的静静交流，通过学习之后的一次次感动，通过在教育教学过程中的深刻反思，努力使自己拥有三种专业素养：

专业眼光——能用发展的眼光、教育的眼光看待学生和用整体的、和谐的眼光看待教育活动；

专业品质——建基于教育理想与信念、体现于日常的细微行为之中的以身作则、率先垂范；

专业技能——课堂监控、演示讲解、练习指导等方面的技能。

这三种素养的获得，需要教师养成良好的阅读习惯，系统地阅读，批判性地阅读。

一次培训、一本好书需要用心细细地品味，《教育的理想与信念》让笔者感悟：冬日的阳光很好，想起平山堂：认得醉翁语：山色有无中……更想起王维：楚塞三湘接，荆门九派通。江流天地外，山色有无中。郡邑浮前浦，波澜动远空。让我再回眸一眼北京，离别的高铁带不走冬日的暖阳，唯有三湘四水的同仁们学思践行！立足本职、立德树人；为党育人、为国育才。

用忠心和服务做好教育

——聆听张润槐书记"十进十联十讲"党课感悟

　　"教育必须为社会主义现代化建设服务、为人民服务，必须与生产劳动和社会实践相结合，培养德智体美劳全面发展的社会主义建设者和接班人"这是党的教育方针具体论述；"我们要办好人民满意的教育，全面贯彻党的教育方针，落实立德树人根本任务，培养德智体美劳全面发展的社会主义建设者和接班人，加快建设高质量教育体系，发展素质教育，促进教育公平"这是党的二十大报告中关于教育的原文论述；"忠心为党育人，为国育才；服务国之大计,党之大计"这是润槐书记党课的原题。本人用"读原文、悟原理、听党课、写感悟、重实践、育好人"的学习方法认真践行党的教育方针，领悟党的二十大精神主题，再从党课中升华自己思想内涵动力，坚定听党话、感党恩、跟党走前行力量。

第一篇章：党课中张润槐书记指出

　　一、学习党的二十大精神最大的体会是：大会万众一心，报告振奋人心，班子深得民心，党章条条入心，全党紧跟核心。习近平总书记所作的报告是高举旗帜的宣言书、彪炳史册的成绩单、守正创新的新文献、走向复兴的路线图、坚守初心的民本账、自我革命的军令状、团结奋斗的动员令。

二、学习贯彻党的二十大精神，要推动党的二十大精神入脑入心、推动新时代党的教育方针落实落地、推动宜章教育高质量发展提速提效，具体表现为：

1. 坚定不移把牢社会主义办学方向

用新时代中国特色社会主义思想铸魂育人，坚持培养社会主义建设者和接班人根本任务，加强青少年价值观引导和培塑，持续深化思想政治理论课改革创新。特别要加强党史学习教育，弘扬中华优秀传统文化，把培根铸魂融入思想道德教育、文化知识教育、社会实践教育各环节。要讲好宜章的红色故事，传承红色基因，弘扬革命精神，为推进中国式现代化建设培养更多具有爱国思想、爱国情怀、爱国担当的优秀人才。

2. 坚定不移落实立德树人根本任务

坚持德育为先、以人为本、质量为要、公平为重，引导学生树立正确的世界观、人生观、价值观，围绕"凝聚人心、完善人格、开发人力、培育人才、造福人民"的目标，加快推进德智体美劳"五育"融合，教会学生有能力、有责任、有爱心，全面发展、学有所长，培养出更多党和国家需要的人才。

3. 坚定不移深化教育领域综合改革

深化党组织领导下的校长负责制改革，真正让改革从理论走向实践，更好地引领教育高质量发展；深化教育评价改革，制定好宜章高质量发展的评价方案及实施细则，加强对各部门、各乡镇教育工作和党政主要负责人教育履职情况评价，逐步完善教育评价方式。

4.坚定不移构建安全和谐美丽校园

压实校园安全责任，建立健全校园及周边环境综合整治长效机制，深入开展平安校园创建；要抓实安全教育重点，突出抓好疫情防控、防溺水、交通安全、防校园欺凌、食品卫生等重点工作，提高学生防范应对灾害风险和避险能力，加强对学生的心理疏导和人文关怀；要落实部门协同机制，建立健全安全稳定工作责任体系，确保教育领域安全稳定和谐。

5.坚定不移保障教育优先发展地位

要健全完善"三个优先"保障机制，严格落实教育投入"一个不低于、两个只增不减"要求，确保全县所有学校达到标准化办学条件，教育现代化水平进入全省先进水平；要加强教师队伍建设，强化书记校长人才梯队建设管理，抓实教师培训工作，全面提高师德师技师能；要优化教育教学环境，提升综合服务能力，严格依法治教、依法治校，营造风清气正教育生态。

第二篇章：结合学习实践探讨：用忠心和服务做好教育

一、学校现任班子以新时代教育理念为指引，以"五育并举、为党育人，分层施教、为国育才"为办学宗旨，大力实施素养教育与分层教育，全力探索"素养与分层教育同步，文化与专业发展并重"的实施路径，努力办人民满意的教育。

二、学校全面践行新时代教育理念，全面落实"党组织领导下的校长负责制"，成效显著。

1.用党建引领、业务融合创新管理思路；坚持"一月一党课""枣园讲堂"的宣讲深化全体教职工的师德师风、意识形态教育，引领教职工们对照"四有教师"标准筑牢教育情怀、践行教育宗旨、回归课堂教学。

2. 由党建办实施开展"全体师生广开言路活动"，收集整理关于学校发展与管理的 136 条建议；坚持问题导向，借助巡察整改的契机破解学校管理中的相关遗留、难点问题，规范各项管理。

3. 进一步细化《宜章六中十四五办学规划》，确定"推进素养教育、实施分层教育"的办学路径；出台《宜章六中奖励性绩效工资考核发放暂行办法》《宜章六中课后服务费收支管理暂行办法》；修订《宜章六中职称评聘、岗位晋级实施细则》；用制度管人、管事，激发管理活力、挖掘教师潜力。

4. 创新实施"党小组设在年级分部"，促进党建与年级管理融合，引领师德师风建设、参与年级管理、潜心发展党员。

5. 坚持实施"孤儿型孩子不花一分钱完成学业活动"，让 11 名这种情况的孩子学费、生活费、零花钱无忧；

6. 坚持实施分层教育，采用小班授课与小题训练的模式，抓实抓细有效教学与小组学习，达到教学效果与教育质量同进步（我们从 2018 年开始招收的高一学生基础相对薄弱，基本是每年初中毕业排名第 3000 名以后的孩子，但我们通过管理改革，三年来本科上线和录取都突破百人，专科上线率 100%）。

7. 坚持实施全员德育、军体拳教育，创新推进准军事化管理，全面提升学生素养与养成教育。

8. 全力推进项目建设：三年来，我们项目建设总投入建设资金 6980 万元，涵盖教学楼新建、人行天桥与田径场项目、学生公寓提质改造工程、家属区改造、第四公寓楼新建等重大基础类；高考考点建设、智慧校园建设、教室一体机更换、档案室改造等器材设备添置类；校门提质改造、食堂维修改造、超市搬迁等小型维修类总计 16 个项目，拨付到位资金 5382 万元（2020-2022

三年度争资立项资金为 4699 万元；2023 年度学校的公租房配套设施改造、校园提质改造项目已纳入省级发改项目库，立项资金达 1800 万元）。

三、学校 2021 年评为"县级平安学校"；党支部 2021 年 6 月被县委评为"先进基层党组织"；2021 年被市教育局授予"国家考试平安考点"、被教育部授予全国书画等级考试特色示范学校、书画等级考试指定考点；2022 年 5 月被市文明办评为"市级文明校园"。本届初三 182 人参考，宜章一中录取 22 人，800 分以上 10 人，高中学段录取 178 人，再创新高。本年度高一学考一次性合格率为 99.43%；高二学考一次性合格率为 97.86%；高三本科上线 125 人，物理类最高分 616 分的邓昊洋同学已被中南大学录取、王允之已被北京交通大学录取；本专科上线 1226 人，专科上线率为 100%，（建校至今理科类最优考生，重本新突破）。

四、学校定位发展规划：用项目建设改善办学条件，用文化建设提升育人品位，用素养教育培养优秀人才！

新蓝图壮丽多彩，新征程前程远大！我们要办好人民满意的教育，助力新的伟大奋斗，加快推进学校高质量发展，奋力谱写社会主义现代化宜章教育的绚丽篇章！

夯实立德树人的根本任务

教育是国之大计、党之大计。党的二十大报告中从"我们要办好人民满意的教育，全面贯彻党的教育方针，落实立德树人根本任务，培养德智体美劳全面发展的社会主义建设者和接班人，加快建设高质量教育体系，发展素质教育，促进教育公平"作出专门部署，彰显了教育的基础性、先导性、全局性地位，为推动教育高质量发展指明了方向。作为一名宜章一线教育者，本人用"读原文、悟原理、听党课、写感悟、重实践、育好人"的学习方法认真践行党的教育方针，领悟党的二十大精神主题，再从党课中升华自己思想内涵动力，坚定听党话、感党恩、跟党走前行方向。通过盘点分析、调研走访直面"各自为政，思政教育脱离实际；主题单一，校园文化建设形式化；二者融合效果欠佳"的现状，结合工作实际，现提出相关建议：

第一方面：
坚定立德树人的根本目标，推进党建与学校管理的深度融合

（一）学校现任班子以新时代教育理念为指引

以"五育并举、为党育人，分层施教、为国育才"为办学宗旨，

大力实施素养教育与分层教育，全力探索"素养与分层教育同步，文化与专业发展并重"的实施路径，努力办人民满意的教育。

（二）创新党建与业务新融合，推进管理新思路

1. 用党建引领、业务融合创新管理思路；坚持"一月一党课""枣园讲堂"的宣讲深化全体教职工的师德师风、意识形态教育，引领教职工们对照"四有教师"标准筑牢教育情怀、践行教育宗旨、回归课堂教学。

2. 由党建办实施开展"全体师生广开言路活动"，收集整理关于学校发展与管理的 136 条建议；坚持问题导向，借助巡察整改契机破解学校管理中的相关遗留、难点问题，规范各项管理。

3. 进一步细化《宜章六中十四五办学规划》，确定"推进素养教育、实施分层教育"的办学路径；出台《宜章六中奖励性绩效工资考核发放暂行办法》《宜章六中课后服务费收支管理暂行办法》；修订《宜章六中职称评聘、岗位晋级实施细则》；用制度管人、管事，激发管理活力、提升教师潜力。

4. 创新实施"党小组设在年级分部"，促进党建与年级管理融合，引领师德师风建设、参与年级管理、潜心发展党员。

5. 坚持实施"孤儿型孩子不花一分钱完成学业活动"，让 11 名这种情况的孩子学费、生活费、零花钱无忧；

6. 坚持实施分层教育，采用小班授课与小题训练的模式，抓实抓细有效教学与小组学习，达到教学效果与教育质量同进步（我们从 2018 年开始招收的高一学生基础相对薄弱，基本是每年初中毕业排名第 3000 名以后的孩子，但我们通过管理改革，三年来本科上线和录取都突破百人，专科上线率 100%）。

7. 坚持实施全员德育、军体拳教育，创新推进准军事化管理，爱国励志电影进课堂相关管理举措，全面提升学生素养与养成教育。

第二方面：
坚持有效的教育实践，推进素养与校本特色共发展

总书记强调，"素质教育是教育的核心，教育要注重以人为本、因材施教，注重学用相长、知行合一"，适合的教育是最好的教育，每个学生的禀赋、潜质、特长不同，学校坚持以学生为本，注重因材施教，探索多样化办学。

1. 推进素养教育，实施分层教育：以素养教育为路径，提升师生综合素养，进而辐射到家长、家属；以军体拳教育和800米晨跑为切入口，抓好师生体能与健康教育；以分层教育为路径，全面推进因材施教，落实"文化＋特长"双线发展，着力提升高考成绩，提高办学质量。

2. 推进项目建设，打造校园文化：以改扩建项目实施为路径，完善学校功能场馆设施建设；积极推进校园整体提质改造工程实施，推进以"爱国主义＋传统文化"为主调的校园文化建设；实施智慧校园建设，抓好寝室、食堂的改造升级，提升服务功能。推进校史馆建设，启动校志的编撰工作。

3. 推进体艺教育，创建校本特色：大力推进体艺特色教育，积极引进体艺教师，配强师资队伍，完善体艺设施，创新体艺教育培养机制，着力体艺高考多出人才，出好人才，提升学校体艺特色品牌影响力，努力创建省级体艺特色学校。

4. 推进平安建设，创建省平安校：完善校园安全设施，推进校园封闭管理，发挥禁毒教育基地功能，落实校园安全教育，创新德育安全管理，推进校园周边环境治理，确保师生平安，积极创建省级平安校园和市级平安单位。新蓝图壮丽多彩，新征程壮志满怀。办好人民满意的教育，助力新的伟大奋斗，加快推进学校高质量发展，奋力谱写社会主义现代化新宜章的绚丽篇章！

德育论文篇

思想政治课教学中学生创新素质的培养

培养创新人才，培养学生的创新能力是实施"科教兴国"和实践"科学发展观"的重要途径。随着教育改革的深化，素质教育的全面推行，课堂教改的全面贯彻，中学《思想政治课》（七、八、九年级）着眼于培养学生的创新素质，在教学实践中可以从以下几个方面入手：

一、激发学习兴趣，培养创新意识

学习兴趣是创造能力发展的必要条件，积极的兴趣和端正的态度是一种巨大的动力，能吸引学生的注意力、思考力和想象力，使学生积极思考、观察。教学中，"教条式""一言堂式"的模式，只会让学生厌烦，丧失兴趣，学生不能主动参与"双边"活动，怎能培养其素质。因此，教学中教师应创新意识，设计形象生动的教学情境，对于教材中抽象的概念和理论，应遵循由易到难，由个别到一般的认知规律，多运用投影、制作课件等多媒体直观材料，使教学更生动、形象，提高学生的积极性。"基本国策和发展战略"一课的探讨中，可用电教媒体展示改革开放30年取得的辉煌成就与计划经济的弊端，从而引导学生认识改革开放的正确性和战略性，告诫学生国家和民族要改革创新才有发展，联系自身只有发展才有出路，只有创新才有进步。

二、培养学生想象力与发散思维能力

古语云："授之以鱼，不如授之以渔。"教会学生思考，是其一生最大的本钱。教学中，为学生创设"创新"的实践活动，培养学生良好的思维习惯是打破传统教学模式的关键。培养学生发散思维可以通过两个途径实施：

1. 发挥想象力。学生的好奇心和知识面可以帮助想象力的发挥。教师可以创设新颖、巧妙、活泼的问题情境，激发学生的好奇心；教学中引入有趣的故事、例子激发学生的好奇心；还可引导学生科学、能动的安排学习时间，获取高效的学习方法，拓宽知识面，形成合理的知识结构，提供学生想象的源泉，促进学生想象力的发展。

2. 通过一题多解、一题多变等形式多样的教学，培养学生多角度思考和解决问题的习惯。讲解学习方法中，可借助《童年》这首歌曲或写时间的诗歌欣赏来引导学生珍惜时间。

三、学生积极交流，培养创新团体

《新课标》积极倡导合作学习，培养学生的协作精神，团队观念和交流能力，并在思想的交流中迸发创新的火花。在创造性学习模式下，教师成为学习过程中的指导者和合作者。教师乐于与学生合作，指导学生互相合作，让学生在合作中成长，在合作中进步。教师可以选取一些有价值、有意义的课题让学生在合作中完成，激励其积极参与，认真对待，敢于表达自己的观点和见解，引导学生学会倾听，学会评判，学会接受。使学生增进友谊，促进自身素质的提高。"知人者智，自知者明。"让学生学会合作，培养其团体精神。总之，创新素质中的创新意识、创新思维、创新精神的培养是素质教育的核心，中学的政治教学中应该多引导，多渗透、多实践，从而培养出更多有创新能力的人才。

善待"问题"生的点滴体悟

学校管理的重要板块是班级管理。班级管理的核心人物是班主任。当班主任确实辛苦，责任也重大。班主任要任课，教务繁忙，又要管理班级。我所到过的关溪、长村、浆水等几所中学都是地处偏远的农村中学。农村中学90%以上学生都是寄宿生，班主任的管理难度都很大。学校硬性规定班主任每日要扼守"五到堂"，即学生晨起，班主任要到位寝室；早操班主任要到位操场；早读，班主任要入课堂巡查，下午写字课要入课堂巡查；晚自习（读报课）要入教室；学生就寝，班主任要到寝室。这样班主任除了上课外，一天至少要围着班级转五趟，就像手里牵了一条牛，松不得手。班主任其实还要担任许多角色，诸如，裁判员、调解员、心理辅导员、保健医生，有时还要履行"公安"职责。

我在历任班主任工作的过程中便先后遇上了班里发生的几起失窃案，搞得我云里雾里。没有两板斧，这种情形奈何不得。

失窃案一。在关溪所带的班级，一天清晨起床铃刚响过，班长向我报告说，放在教室的抽屉里的昨晚所收的疫苗注射费被人偷去了。我向班长询问了昨晚最后离开教室的人，以及就寝后同学起夜的情况后，便察看了一下教室门窗，无破损痕迹。班长说："一定是班里寄宿生所为。"我在脑中搜索、排查了一遍之后，锁定是他的同桌A生所为。便与班长一起到了读通学的A生家里，与家长说明情况后径直进入了 A 生的卧室，果然在床的席下搜获了同学交费表和用纸包着的还未丢弃的 120 元。案子破了，A 生很紧张，A 生的家长也不知如何是好。班长发表意见：要开除 A 生。我说服了班长，我与家长交流了想法。说学校是教育人的地方，你的子弟继续读他的书，我会恰如其分作出处理的。之后，我交代班长对此事保密，并且不让 A 生作公开检讨，但 A 生必须写出深刻的检讨，存档在班主任处。

失窃案二。我在长村所带的班级里也发生了一起失窃案。那天清晨晨钟响后，某生向我报告说他脱下的外裤兜里的三十元钱（伙食费）被人偷了。寝室有门，门上了内栓。显然，这钱是本班的寄宿生偷的。可是有三十来个寄宿生呀，如何查实？我一再嘱咐某生切勿声张。我暗里要某生在下周日来校后抽出一张十元票子用笔在左下角写下一个"李"字，做下一个记号，然后照样安然放在外裤的兜里。第二天晨起他的钱又不翼而飞了。这天早晨大家都没上早操，大家都掏出自己的钱，由丢钱的某生与班长一起寻那张做了记号的钱。果然在 B 生的钱上抽出了那张做了记号的钱。其余同学早读去了。班主任找 B 生到办公室一经询问，B 生叙述了作案的全部过程。我心里笑 B 生是个笨小子，居然被"守株待了兔"。我对 B 生严肃地说了一通做人要清白的道理后："你呀你，写份检讨吧，要深刻。"之后，我将 B 生的检讨压在我的文档里，也没让 B 生做公开检讨，不过同学们心里已全然知晓这个没有公开的秘密。再之后，我刻意捕捉 B 生课堂回答问题的流利，教室清扫得干净的优点适时公开表扬。B 生的眼睛告诉我，他在班里过得轻松，内心没甚压抑。

失窃案例三。我在浆水中学任教的时候，我带的班里也发生了一起蹊跷的失窃案件。一个周四的夜里某生睡前脱下的一双置在床下的反牛皮鞋清晨起床时居然不见了，几经找寻也没找到。夜里，寝室内门也上了栓，"船上失物无外人"，显然是本班某人作了案。我暗里问询了班长等几人，说夜里有哪些人起了夜小解，他们都说睡得很深，不知晓。我判定这双鞋一定还在校内藏着。同学们入教室上课后，我便四面搜索了可能藏物的阴沟暗角，没见皮鞋。我又沿校外围墙走寻，走到以围墙为墙的公厕墙外处，发现一双牛皮鞋仰在墙下的草丛里。于是我找来班长几人轮流暗里蹲守了好几个小时，来个守鞋逮贼。下午放学后，待到同学们都离了校，学校静寂了下来。这时见 C 生一步一张望来到了公厕墙外，弯下腰拎起了这双皮鞋。C 生正要开步走，被班长逮了个正着。我将神情紧张的 C 生带到办公室，C 生以低沉而懊悔的语调交代了作案的全部过程。太阳已躲到山那边去了，我不放心 C 生的安全，便陪他踏上了还有几里越岭过河的回家之路，一路上我温声对 C 生说了许多"小时偷针，大了偷金"的道理。待望见了 C 生的村舍，我才说："回家后写份检讨，要深刻。后日到校后交予我。"周日夜课前，班长向我嘀咕："要处分 C 生。"我说："算了吧。给人留足面子，让他得个改错的机会。"

我对班里发生的几起失窃案作了综合分析。他们的家庭经济景况都不差。A 生的父亲是屠户，家里不缺钱。B 生家里有片橘园，一年里能长出数万元票子，C 生的父亲办了个小型猪场，栏里关着好几百头猪，日子也殷实。可他们为何还行窃呢？用我们乡下的话说，他们都"眼睛浅"，见了别人的好东西就想打主意。这种心思不制止，将来会成为大恶人。这一方面家长忙事，缺乏了管教，一方面学校缺乏了这方面的警醒。

我觉得，当班主任不容易。要有自己的专业知识，授好课。还要懂得一些其他门类，诸如救护、心理健康的常识，甚至还要懂得一点侦破的技法。中小学生中发生一些小偷小摸的事也并不偶然，但班主任不能忽略之，要使出几招，尽力侦破它。侦破了才能挽救一个人，教育一大片。同时要明白，学校是教育人的地方，对于学生做贼、早恋、斗殴等事件的发生，要教育从严，处理从宽。要根据不同学生的个性特点采取相应的处置技巧。有些教师对于发生这类错误的学生，动辄使之公开检讨，公开点名批评，往往撕破这类学生的脸皮，于是或逃学或辍学。更有甚者，责令学生转学或退学。转向何校，退到何处？我的先生们，这不是堵死了学生学习与成长的路？这是对学生极不负责任的态度。将这些"问题"学生推出校门推向社会，他们只能成为"小混混"，小混混长成了，便成为大混混，混混多了去，我们这个社会还有安宁吗？一个有着深远社会意识与德法教育的师者，应当做一名"治痛"高手，疗治问题学生的病根，将学生培养成道德与文化皆优的人。精诚所至，金石为开。我深信我们以己之诚，是能打开问题学生的心结，如同施以化学配方，促成学生向健康利好的方向发展。

我的这几位学生，后来一名做了乡镇党委委员，一名做了小企业主，做了捐资数万元的公益，一名考取了师范院校，当上了中学教员。他们成年后都成了我的好朋友，分别拜访过我好几次呢。而好些在校时成绩优秀，之后发展得好的学生毕业后倒杳无音讯，与老师失了联系。于是我深一层体味了作为教师艺术真诚地视生为子、善待问题生的甜蜜。

如何提高思想品德课堂教学质量

课堂教学是我们实施教学过程，达到教学目标的主要载体。任何学科的课堂教学只有探索、总结、反思、创新才能提高其实效性，让学生学有所得。初中思想品德课堂教学也是如此。要想提高思想品德课的教学效果，为师者必须调动学生学习政治的主动性、创造性，激发学生的学习激情，让学生悦于学习，自主学习，如此才能达到最好的教学效果，提高课堂教学质量。总结任课经历和借鉴他山之石，偶有心得：

一、时事政治内容的引入，激发学生的学习兴趣

时事新闻与思想品德课的联系是非常紧密的，它也是学生感兴趣的内容，大多学生在课后聊天时都会兴高采烈地议论国内外的政治、经济形势，或者是突发事件。但是，学生却不喜欢上思想品德课，在思想品德课上无精打采，失去了课后高谈阔论时的神采飞扬。为什么呢？因为一些教师的授课只注重课本知识的传授，而根本不与当前形势、事件相结合，使得思想品德课堂与学生有了距离，学生也不喜欢这样枯燥的教学过程，甚至感到很厌烦。因此，思想品德教师在课堂教学中可以适当地引入时事政治内容，将时事与教材内容结合起来讲授，拉近教材与学生之间的距离，激发学生浓厚的学习兴趣，这样既让学生积极参与了课堂

教学，又落实了新课程标准的要求。比如，在讲授"和平与发展是当今世界的两大主题"时，教师可以讲现在中日钓鱼岛的局势、朝鲜与美韩军演问题等等，这些都是学生比较关心的问题，教师要引导学生深入地分析这些问题，透过现象看本质，从而促进学生逻辑思维能力的发展。这样的教学，学生兴趣盎然，积极讨论、发表自己的看法，对教材内容有了深入的理解，同时也取得了非常好的教学效果。

二、联系学生的生活实际，提高学生的情感因素

初中思想品德课既包括贴近学生生活、思想实际的内容，又包括反映社会发展、国计民生的内容，可以说，它与时代、社会、青少年是紧密相连的。如果教师将学生的生活实际与课本知识紧密结合起来，能够很好地调动学生情感因素，让学生全身心地投入到课堂教学中来，积极主动地参与思想品德课教学，有效提高学习效率，提高学生发现问题、分析问题和解决问题的能力。具体来说，教师应做到以下几点。

一方面，利用教材知识解决学生实际生活中遇到的问题。掌握知识不是我们教学的唯一目的，利用知识解决实际问题才是我们的目标。青少年学生正处于身心发展的关键时期，他们有很多成长中的困惑，思想品德课本中就有解决学生很多方面问题的知识，教师可以利用这部分知识引导学生，解决学生的思想问题，促进学生身心健康发展。比如，学习"做情绪的主人"时，教师就可以引导学生认识自我，了解自己生活中丰富多样的情绪变化，明白积极情绪和消极情绪的影响，从而正视自己的情绪变化，发挥情绪的积极促进作用。

另一方面，组织学生进行形式多样的实践活动。比如，调查

采访、参观考察、专题讲座等，让学生走出课堂，走进社会和生活，掌握第一手资料，通过亲身实践提高对课本知识的感受，增加社会经验，丰富人生阅历，提升学生的整体素质。

三、借助多媒体课堂教学，调动学生的积极性

传统的教学模式比较单板、僵化，教师一味地讲，学生机械、被动地接受，教学效果不容乐观。但是，多媒体教学手段的引入，改变了这样的教学现状，它集声像、图文为一体，综合了视听效果，让学生看得见、听得见，调动了全身的感官，弥补了以往教学的缺陷，让教学效果大大提高。

1. 多媒体直观的表现形式，使学生的感性认识更加丰富，提高了学生的理解能力。有实验研究表明，人类获得的信息83%来自视觉，11%来自听觉，3.5%来自嗅觉，1.5%来自触觉。多媒体教学手段的表现形式非常直接、形象和生动，刺激了视觉和听觉神经，活跃了思维，让一些抽象的问题具体化、形象化，符合学生的感性思维丰富的特点，降低了学习的难度，使学生很容易理解课本知识，因此，受到了广大学生的欢迎。比如，学习"做大自然的朋友"时，为了让学生了解环境保护的重要性，教师可以用多媒体展示环保宣传片，让学生直观对比地感受到环境保护的重要意义。

2. 创设教学情境，激发学生兴趣，引起学生的情感共鸣。多媒体技术可以创设教学情境，让学生全身心投入到教学中去，透过大屏幕让学生如临其境、如闻其声，真正设身处地地感受，从而引发学生情感上的共鸣，激发学生的学习兴趣。比如，学习"一国两制"政策时，教师可以利用多媒体手段简述香港的割让、回归过程，然后以《东方之珠》为背景音乐，介绍香港回归后的繁

荣景象，从而使学生深刻认识到一国两制政策的深刻意义。

3.多媒体技术丰富了教学资源，实现了教学资源共享。思想品德学科与时代的联系非常紧密，有很多新内容，如果教师只是拘泥于课本教材，将不能很好地贯彻新课标的精神，而多媒体技术很好地解决了这一点。多媒体技术引用丰富的生活、时事素材，为教学提供了大量的信息，极大地丰富了教学资源。而且计算机具有强大的功能，能够存储、传输大量的信息，教师通过互联网可以查询、下载大量的资料供学生使用，实现了教学资源共享，拓展了学生的思维能力。

四、推进创新教学方式，提高学生的参与度

学生是学习的主人，只有学生真正参与教学，充分发挥主观能动性，主动学习，自觉学习，掌握学习方法，就能真正提高课堂教学效率。为此，在思想品德教学中，教师可以创新教学方式，利用各种各样的教学形式，激发学生的参与意识，转变学生的学习观念，变"要我学"为"我愿学"。比如学习"防微杜渐，减少与预防犯罪"时，教师可以组织学生表演一个课堂短剧，让学生亲自扮演剧中的角色，以现身说法的形式来讲述法律知识，可使学生在宽松、自由的氛围中主动学习知识。这种形式打破了学生传统的思维模式，给了学生不一样的体验和感受，学生感到十分新颖，都很愿意参加表演，从而提高了学生的学习积极性，增加了学习兴趣，也取得了事半功倍的教学效果。

五、引导学生提出问题，拓展思维的深度

问题是开启学生思维的钥匙，是创新意识产生的导火索。爱因斯坦曾说过："提出一个问题比解决一个问题更重要。"这句话

说明了提出问题的重要性。所以，在课堂教学中，教师要引导学生开动脑筋，大胆思考，质疑问难，促进学生思维的不断深入发展，提高学生的逻辑思维能力。比如，学习"社会主义生产关系适应社会化大生产发展的要求，从而更促进了生产力的发展"时，有学生可能会问：一战后的美国、二战后的日本、20 世纪 80 年代的"亚洲四小龙"，都不是社会主义国家，为什么他们的经济也腾飞很快呢？如果教师因为这是不在授课内容范围内的问题而不予理睬，或者横加指责，都会打消学生的提问积极性，导致学生再也不开口提问。所以，教师要对学生的提问正确对待，尽可能地回答学生的问题，保护学生的积极性，使学生勤于思考，悦纳政治学习。

总之，"教学有法，但无定法"只要我们创新教学模式，推进课堂改革，围绕学生发展和成长这个中心，我们就一定会提高思想品德课的课堂质量。

农村初级学校创新管理策略

摘　要：创新农村初级学校的管理模式，提升学校的"两项常规"效果，推进学校管理特色，更好地服务于学校、服务于教师、服务于学生。

关键词：管理　质量　习惯

一、管理篇：立足本职，推进学校发展思路

（一）常规管理：反复思索，多方征询，认真研究，结合校情，从实际出发出台和制订《学校发展规划》和各类常规管理制度：

（1）定位学校的发展目标"管理规范，质量提升，学生发展"；用1–3年时间学校的管理和质量综合排名挤升乡镇中学中上水平；

（2）确立学校的育人主题是让学校的孩子们"学会做人，学会求知，培养习惯"；

（3）出台学校教师的工作理念：用爱和责任培育孩子，关注特殊家庭孩子的成长。通过行政会，教师例会，学生集会反复传达，身体力行并要求全体教工践行到日常工作中；

（4）借助合格学校的创建契机，积极争资立项，努力改善学校的办学条件和设备设施建设，为学校的发展和进步奠定坚实的基础。

（二）教师管理：注重人文关怀，提升教师工作的合力：

（1）作为学校的班长多尊重年长的同志，加强与他们的交流和探讨，通过上门座谈、散步交流、会餐沟通等形式，让学校的项目建设、经费管理做到民主公开，征求他们的意见后再行政研究实施。关心他们的身体和家人状况，及时问询，有效建议，让他们心里感受到温暖和贴心。

（2）给年轻和年富力强的同志抓学习、压担子、促发展。针对特岗教师有相对的专业特长，但不安心的现状，注重因人设岗，让他们在电教培训、大课间活动、兴趣小组建设各展所长，收获赞扬。关心他们的生活和个人问题，引导他们安心从教，乐于从教。

（3）定期开展"温暖进家园活动"，通过亲情看望、家属座谈会、新年会餐等模式让学校家属投入学校工作之中。

（三）学生管理：

（1）让学校的孩子转变意识，做人学会角色转换，以讲座和实践活动使他们体会"如何为人、怎么相处"的重要性；

（2）举办大型运动会、晚会、书画球类比赛等活动，促进学生全面发展；通过生活费减免、勤工俭学岗位设立、政策帮扶、爱心助学形式，开展"孤儿型孩子不花一分钱完成学业活动"；

（3）建立"心理辅导室"，要求班主任和辅导老师学习相关心理疏导知识，通过心理引导和"相学"鼓励，让对应的孩子树立自信心、克服缺点、健康成长。针对学校（有中学部和三年级）学生年龄差距大，习惯不统一的现状，实施分部、分层管理，严禁以大欺小；

（4）遵循学生的学习规律和生活节奏不同，开设科学合理的管理机制（分区域、分窗口、分阶段），重心关注三年级孩子的自主生活能力的引导和培养，经过教育引导学校的孩子们都能和睦相处，健康地生活和学习。

孩子们的养成教育和习惯教育日趋规范，各项活动有序开展，特别是《变形计》进课堂对孩子们触动深远。学校管理的本源是服务师生的成长和发展，作为学校管理者自身更多的注入爱和责任是一定会收获成功的。

二、质量篇：静心全力，提升学校教育教学质量

（一）反思教学，针对学校质量在全县垫底的现状，提出"教风促学风，班风转学风"的理念，"强化内部管理，转变工作作风，打造有效课堂，提高教育质量"；抓好抓实九年级的复习应考工作，从校长到科任教师，再到学生都全力以赴；并对七、八年级的教学工作早规划，早安排，转移工作重心，以质量立教，学校的所有工作都回归到提高教学质量中来。出台和制订《学校九年级教学成果奖制度》，并确保奖金到位。"教如逆水行舟，不进则退，"只有练好内功，注重方法，引导学生刻苦学习方能走出低谷，做到一年打基础，两年有进步，三年上台阶。

（二）推进课改，引导教师和学生学会"传递学习"，开展"传、帮、带"活动，让全体师生提升学习的有效性，注重教学与育人同步；各班建立平衡性学习小组，教师因材施教，开展"培优辅差"工作，合理运用"心理辅导室"，促进学生树立自信心；九年级孩子在冲刺阶段引导观看《冲出亚马逊》《一个都不能少》等情感电影，调整状态，激发斗志，让他们的潜力都能发挥好。教学有法，但无定法。只有调动内因、适合校情、适合学生才能得法。

三、习惯篇：以人为本，抓好师生养成教育

习惯决定成功，习惯造就未来。针对农村孩子家庭习惯教育欠缺，养成教育基础薄弱的现状，要求养成教育从教师抓起，进

而言传身教的影响身边的孩子，要求师生用普通话交谈交流，方言不入校园；通过入学教育、国旗下讲话、集合集会、班会教导教给孩子们良好的做人习惯、生活习惯、卫生习惯和文明交往习惯；引导孩子大胆交往，特别是敢于在各种场合表达自己的观点和建议，学会主动积极与人沟通交流，为自己的发展奠定基础。开展"良好习惯带回家"活动，让孩子们把好的生活、卫生习惯带回家，进而影响身边的亲人和邻居；通过家访、家长会灌输这一思路。

任何一位成功的人，都具备良好的学习和工作习惯，就让孩子从小开始造就自身的成功。一名好的校长才能打造一所好的学校，才能推动一所学校的进步和发展；一个好的教师团队才能教好一批又一批学生，才能促进学生的成长与成才。就让我们朝着改革农村学校管理思路，创新学校管理策略不懈努力，让农村孩子享有同等的学习平台，健康、茁壮成长。

高中政治经济学内容中教育思想的探讨

面对知识经济时代，知识信息的创造、加工、传播与应用是经济增长最重要的源泉，中学政治经济学的教学对我国今后经济学人才的培养起到举足轻重的作用。为此，中学政治经济学教育应培养大量有创新精神和创新能力的人才，以适应当前及未来新形势的需要。面对当前的新形势，本人根据从事政治教学的体会，略谈几点看法：

1.确立培养学生能力的教学理念：教育特别是学校教育，要围绕以培养学生创造性思维和创新能力为中心的宗旨，这种理念已为大众所接受，但在实际的操作中，往往因升学率高低评价学校教学的客观存在，最终还是陷入人人厌倦而又不得不去面对的应试教育中。这就给我们的中学培养创造性思维和创新能力的人才带来一定的阻力。对于学生要参加各种考试，我们在政治经济学的教学中曾把眼光只放在考试的需要上，为考的概念而讲概念，为考的原理而讲原理。这样做的结果，学生可以理解教师的煞费苦心，却提不起学习兴趣，更少去关注教材以外的经济现象。更让我们做教师感到迷惑的是反复讲解的许多基本概念、基本原理，学生仍是理解不了，考试自然是只有死记硬背了。经过与学生的广泛交流及自己的思考后，从而认识到政治经济学教学中固然少不了要以教材中列举的经典案例为教学内容，更要从经典中拓展思想资源，同时也不应忽略现实问题。不断发展的现实生活，会产生各种各样的新问题，带着这些问题去重新审视，自然会使学生有新的感受、新的理解，获取新的思想资源。有些现实问题，只要善于发现，加以提炼，就会引发学生学习、研究的话题，甚至会激发中学生早一些为走向社会作准备。这样既有利于学生理解原有理论体系，又丰富了学生们的思想，提高了学习兴趣。例如：当今县域经济中如雨后春笋出现的造纸厂、鞭炮厂的经济现象以及日渐衰弱的牛皮厂经济现象，改革教学中传统的经典阐释教学观念，着重于培养学生的理解问题、发现问题、解决问题的能力，结合实际应成为当前政治经济教学的基本理念。

2. 选择能启发学生思维的教学模式。长期以来，我们的中学教学常常是遵循一套固定的模式：先复习以往的知识，列出1.2.3几个概念或问题，然后是导入新课，板书要讲的章、节等内容，并在相当程度上很注意"板书"这一教学环节。多年的教学经验使我感到板书固然很重要，但也时常觉得普遍为大家所接受的条理清晰、重点难点突出的板书对学生的思维能起到一定程度的启发思考作用的同时，往往更多的起到的是相反的抑制思考的作用。特别是在政治经济学教学中，许多概念、知识点还没等教师在黑板上写完，学生马上就会产生这样的意识，这是为了中考，其后的教学活动我们可以想象会是什么情景。因而，我认为在教学中教师要着重从现实经济生活中挖掘好的素材，引入课堂教学中来，通过介绍、分析、讲解，启发、调动、吸引学生思考，并在学生积极思考的过程中，把他们原来有所接触但实际并不了解的经济现象予以生动的解释。在这个前提下再板书必要的纲目，我觉得比为板书而板书更能引起学生的注意。传统的教学以传播文化知识为目的，教师是教学活动的主体，学生往往是教学活动的被动者。教材安排什么，教师就讲什么，老师讲什么，学生就听什么；教师怎么讲，学生就怎么听。在这样的教育模式下，学生除了有高分未必有高能力之外，往往会让学生觉得所学的东西玄而且空，一旦面对现实生活中的问题又总感到茫然、不知所措。殊不知，教材中所列经典只是丰富的文化知识中相对凝固了的部分，是对以往生活的总结与升华。而现实生活又是不断更新、充实、发展的过程，并且现实问题又极有可能成为经典问题。我们的教学的确不应在经典上"讨饭吃"，而是应该拓展视野，把现实纳入教学范畴。

3. 布置能引发学生学习、思考的作业题。学生的学习观念的先进、正确、合理与否，也应主要由现实生活为引导。教师与家长的说教、干预，远不如现实的说服力强。为提高学生的学习兴趣，扩大学生学习的自主权，我在布置作业方面和学生取得了共识：一是看教材，因为教师讲课的过程中，肯定会对教材内容的多少进行增删或顺序的前后进行调整讲解等方面的处理，学生只有通过阅读教材才能更好地理解并把握主要精神；二是做相关内容的练习思考题，一般内容的练习是可以采取选择题的形式，可以采取简答形式，也可以采取辨析的形式来思考、回答，使学生在学习方面有更大的自由度；三是做最能引起学生兴趣的"摘抄"：我要求学生经常摘抄能说明一定问题的、可长可短的经济文章，若能予以简短评论则更好。本以为学生会认为既要去查找、又要去抄写的"摘抄"作业，学生会反感，没想到却成了最让学生欢迎的作业。学生普遍认为，通过这种作业形式，他们开始关注经济生活、经济现象，他们学习经济理论、经济知识的兴趣也有了很大提高。并且，由于这种作业形式，他们必须阅读大量相关的报纸、杂志、书籍；到网上查阅大量相关的经济知识，结果学生既感到教材里的基本概念、基本理论必须搞懂，又感到学习教材时也很容易理解了。通过"摘抄"作业，本人认识到学生的兴趣不只限于打球、唱歌、网络，关键在引导；学生思考问题的能力并不弱，关键在培养；学生学习积极性、主动性也很高，关键在调动。并且它改变了学生上网只为寻求刺激的不良习惯。

4. 提高老师自身综合素质。当今中学生，面对科学技术的发展与世界市场的形成，面对知识经济的到来，面对新事物不断产生，难免会产生思想的冲突与困惑。而学生们的思想困惑则需要老师进行必要的解析、慰藉，提供积极的对策。这就要求我们教师要认清形势，结合各种学习工具、手段、方法，不断学习新的经济理论，不断提高自己的人文素质，不断探索适应知识经济、信息经济的教学法，以高度的责任感和严谨的教学态度争取做学生的良师益友。从而引导学生积极探讨现实生活中的问题，这样既加深了他们对所学理论的理解，又能提高他们的审美情趣，进而引导他们加快知识积累的节奏。

总之，"教学有法，又无定法"，只有结合实际，充分调动学生积极性，创新教学模式才能更好地促进我们的教学，引导学生健康成长。

思政课外活动创新教育应理顺的关系

现行的思想政治教材是在原教材的基础上进行修订的，它调整了原教材部分教学内容的结构，充实了具有时代感的内容，体现以学生发展为本，培养创新精神，加强实践环节等推进素质教育的理念。其中，最为明显的是增加了"活动课"。活动课的内容包括正文、辅助文和活动设计方案，它的教学目的是通过开展实践活动，培养学生的创新精神和理论联系实际的能力。如何才能提高活动课创新教育的实效性？我认为必须正确处理好如下几个关系：

一、学生的主体地位与老师主导作用的关系

学生既是学习的主体、实践活动的主体，又是培养创新精神的目标。因此，在活动课教学中，教师要尊重学生的主体地位，想方设法让学生真正感到主体地位的心理体验，激发学生主动去学习、去实践、去领悟、去探索、去创新，而不是使学生被动地学习、机械地接受。只有这样，才能培养字生的创新意识、创新能力和创新个性，当前，有许多教师越俎代庖，代替学生学习。

例如：开展小组讨论，教师帮学生查阅资料，然后把资料分发给学生，要求学生按照自己设计的方案、步骤，按部就班地由学生代表发言，最后由教师进行小结，依据教师所谓的标准答案，

对学生的发言进行评判。这样的活动课,把学生牢牢地套在框框里,既不能调动学生的积极性,更不能培养学生的创新精神。当然,我们在肯定学生主体地位同时,并不否定教师的主导作用。事实上,由于学生的社会阅历、知识水平和年龄特点,决定了活动课课堂教学离不开教师的引导,实践活动离不开教师的指导,否则,学生的学习就会群龙无首,成为无舵之舟,学习就存在盲目性。

在创新教育中,教师的主导作用应该体现在:通过组织教学活动,创设环境,激发学生的学习兴趣;通过点拨思路,启动学生的创新思维;通过学法指导,使学生自觉学习;通过鼓励学生标新立异,使学生自我创新;通过指导实践活动,培养学生的创新能力,因此,教师对自己的"教师角色"要重新定位,由"师尊"变为"公仆",增强服务学生的意识。

二、创新教育的共性与个性的关系

所谓共性,一是指活动课创新教育必须面向全体学生,不要偏爱部分学生,要调动每个学生参与的积极性,它要求教师在设计教学方案的教学中,要照顾到每个学生,使活动课成为学生内在需要和表现自我的平台,让学生在自觉意识与能动作用的支配下进行学习,使学习成为一种愉悦的活动,二是指教育的全面性。活动课的内容结构是由正文、辅助文和实践活动组成的,教师既要重视理论知识的传播,又要重视实践活动的开展,不能把活动课搞成纯粹的讲授课或单一的活动课,而是要把两者有机结合起来,使学生在掌握知识的基础上,通过实践活动,培养创新能力,提高思想政治觉悟。

所谓个性,是指由于学生在社会阅历、知识水平和身心健康特点等方面存在差异性,决定了每个学生都有自己的个性。教师要因材施教，要关心每一个学生，使每个学生都在先天赋予和后天发展的基础上，学有所成、学有所乐，使学生的个性通过创新教育得到充分发展。同时，学生的个性也要求教师要根据不同的学生，实施分层或分类教学，按学生的兴趣和特长，让他们参加不同的学习活动，使他们各尽其能，各得其所。

三、活动课创新教育过程和结果的关系

基础教育阶段创新教育的目的是使学生拥有求知的信念、科学的观点、实践的精神和创新的过程，而不是创新结果。要看学生参与的热情是否高昂，分析问题、解决问题的思维是否从多角度、多层次去考虑，得出的结论是否新颖。至于活动课的结果，辩论赛、讨论会的结论和撰写政治小论文、社会调查报告的质量并不是最重要的。因为中学生的知识基础并不足以形成系统的科学方法和正确的判断能力。因此，教师不要把学生的创新结果作为主攻方向，而应着重培养学生的创新思维和动手动脑、动口、灵活运用知识的能力。

四、课堂教学和社会实践活动的关系

课堂教学是实施创新教育的主阵地，教材是使学生掌握马克思主义的基本知识，培养学生运用知识分析问题、解决问题的能力，提高学生的思想政治觉悟。因此，活动课离不开教学，在教学中，教师除了向学生传授马克思主义外，重点要利用教材中的创造性因素对学生进行创造性思维的训练，培养学生复合思维能力和发散思维能力，要让学生从书本中找问题，力求创造性分析问题、解决问题。要引导学生在思考问题时，不受原有知识和材料的束缚，更换角度地看问题，提出不同的见解，要鼓励学生积

极探索，灵活地理解和运用知识，做到思维"求新""求异"。

值得一提的是，思想政治课的性质决定了在活动课开展创新教育，要坚持思想政治的科学性、思想性和教育性，要教育学生爱国、爱党、爱人民、爱社会主义，提高学生辨别是非和"真、善、美"的能力，否则，不仅达不到创新教育的目的，反而使教育产生反面效果。"活动课"的真正意义在于"活动"，创新教育不仅要培养学生的创新思维，而且要培养学生的创新能力。

因此，教师在抓好课堂教学的同时，要积极开展社会实践活动，做到既利用教材设计好的活动方案，又不局限于教材，教师要有创新，学生更要有创新；教师既要认真组织、加强指导，又不能越俎代庖、包办代替或束缚学生的实践活动；既要对学生的创新活动进行指导，又不能过分重视学生的创新成果。

总之，教师只有贯彻理论联系实际的教学原则，处理好教学中的各种关系，调动学生参与学习和活动的积极性，提高思想政治教育的实效，使学生在掌握理论知识的基础止，培养能力，提高觉悟，才能实现活动课创新教育的目标。

政治教学语言运用的基本技巧

语言，它是教师传授知识的媒介、信息传递的载体，是教师完成教学任务的工具。它直接影响着学生的学习兴趣，就要求政治课教师提高语言修养，讲究语言技巧，具体应做到以下几方面：

一、语言要轻重缓急，抑扬顿挫，有感染力

教学中，要根据学生对知识信息的接受情况，合理控制语速，张弛适宜，这样，学生听起来就能思能记；教师讲课语调要随着教学内容、词句含义和教师的感情的变化而变化，时刻注意语言力度，这样，课堂教学才会情趣盎然。教师在传授知识时要随教学内容和思想感情的变化而富于不同的感情色彩，该喜则喜，该怒则怒，在是非善恶美丑变化面前，表明爱憎分明的态度，这样，才会引起学生共鸣，起到"润物细无声"的感染作用。

二、讲究语言的生动、形象、幽默、风趣

现行思想政治课教材虽有很强的可读性，但其理论内容还比较抽象、难懂、枯燥。试想枯燥的、生硬的语句，如果再加上教师死板的说教，怎能诱发学生的学习兴趣，激发学生的求知欲呢？学生听教师讲课味同嚼蜡，这样何谈教学效果呢？基于以上原因，政治课教师在保证课堂教学内容科学性、思想性前提下，要结合

教学内容进行生动叙述、形象描绘，适时插入具有情趣的小故事、幽默的比喻，发人深思的典故、成语。例如，我在讲《科学人生观》时，遇到这样一个课题，"理想是人生的支柱"。当然它讲的是理想的重要性。对于这一课题我是这样讲解的，首先向同学们发问——几何课中，我们学习的是几点决定一个平面？同学们齐声回答：三点。我又发问：人为什么两只脚屹立于大地之上岿然不动？是否决定一个平面的原理错了呢？同学们听后都哑然，凝神思考起来。我接着说："三点决定一个平面的原理是不会错的，人之所以能够两只脚站在大地上稳如泰山，就是因为人有理想，这个支柱顶着后腰呢！"听到这里，同学们都恍然大悟，并情不自禁地笑出声来。我接着说，死人站不起来了，是因为它没有理想这个支柱支撑着，人要想活得充实、有意义就必须树立崇高的理想，没有崇高理想的人，就是活着也如同行尸走肉，没有意义。这样的语言风趣幽默，通俗易懂，使同学们在愉悦的心境下受益。法国学者海苗兹·雷曼麦指出：用生动、形象、幽默的语言说出严肃的真理，比直截了当地提出更容易让人所接受。语言的幽默、生动形象，可以打破沉闷的课堂气氛，缓解同学们紧张的情绪，融合师生关系，激发广大学生对政治课的学习兴趣，提高政治课学习效果。

三、讲究语言的和谐与优美，渲染学习气氛

语言是政治教师传授知识的直接的主要的媒介，假如一个教师在传授知识过程中语言逻辑混乱；或者前言不搭后语把知识讲得支离破碎；或者教师讲授知识时没紧没慢、没轻重急缓，而是用一种单一的语速、语气、语调，留声机般的讲授，我想：这样的话对学生而言根本无兴趣可讲，听起来索然无味，这就很难谈

到有良好的效果了。因此，政治课必须要讲究语言的和谐与优美。这就要求政治课教师在讲课中随着教学内容的深入，不断地变换语调和声调，这样就会增强同学们听课过程中的新鲜感，提高教学效果。例如：讲封建社会我国辉煌文明时，我这样讲道：我国是一个古老而又文明的国家，劳动人民用自己的智慧与汗水创造了灿烂丰富的古代文化，如：我国古代的四大发明——张衡的地动仪、祖充之的圆周率、李时珍的《本草纲目》、李春的赵州桥、敦煌的莫高窟，还有李白、杜甫、白居易，还有苏轼、李清照、罗贯中、吴承恩、吴敬梓、蒲松龄、曹雪芹。这样连珠炮似的快言快语道出，既渲染了学习气氛，又烘托了学习重点，同时，更牢牢地吸引了学生的注意力。

四、讲究语言的准确、科学、精炼

知识的传授，道理讲解在于实实在在、脚踏实实，不得有半点虚假。政治课中，基本要领、基本原理、政治术语很多，它们都有严密的逻辑性和科学性，每一句教学语言都不能有半点模棱两可和含糊不清。

五、形体语言与口头语言紧密配合

教师在讲授知识过程中要讲究形体技巧，把眼神、表情、姿势、手势动作运用于教学语言中。政治课教学是一特殊的表演艺术，需要调动同学们的视觉、听觉、情感等因素的全部投入。教学需要语言，更需要恰到好处的动作表情与之配合。教师的微笑会像一缕缕和煦的春风吹进每一个学生的心田，使学生获得一种亲切感，使之形成良好的心境，这将会大大提高同学的听课效果。教师的一束鼓励的目光，会使同学们信心倍增，增添克服困难的勇气。给注意力不集中学生一个小小的暗示，这要比大声训斥的效果好得多。政治课教学也需要愤怒，当讲到歹徒持刀行凶时，当讲到当今社会的不正之风时，恰到好处的愤怒对提高教学效果，对进行爱憎分明教育是大有裨益的。

　　总之，只有每一位政治教师在传授知识过程中讲究课堂语言的表达艺术，才能使同学们听起课来有趣，品起课来有味，练习起来有劲，促进学生非智力因素的发展，提高政治课的教学效果，实现政治课教书育人之目的；使思想政治课教学成为素质教育诸多美丽光环中极为耀眼的一环。

附

录

·附录·

余恒真用爱照亮学子求学路

□ 郴州日报全媒体记者 唐丽　通讯员 谢作塘 李荣华

"是您，总在我漆黑的前方点亮希望的明灯；是您，总在我创伤的心灵上播撒温暖的爱意；是您，总在我失败的旅途上引燃前行的灯塔……"这是宜章县长村乡中学八年级 125 班学生李丽洋写给余恒真老师信中的一段话。

纯朴的语言为我们深情讲述出一段延续九年的爱心故事：2011 年，长村中学组织全体教职工下乡家访，在南京洞小村，一位总跟在他们身后的可爱女孩引起了余恒真的注意，这是一个出生在父母离异、父亲残疾的特困家庭半孤儿。

随行的一位阿姨说："这么乖的孩子，上不起学，可惜啊！"看着黑黝黝的脸蛋显出的期盼眼神、身穿补丁相连衣服的孩子，余恒真二话没说，当场表态："以后就由我来送她上学！"

那时的李丽洋才 5 岁，从学前班到现在的初二，这一送就是九年，而余恒真也前后调换了数次工作，但他对这位女生的资助从未间断。前不久，他又前往长村中学看望这个孩子，并拿出六百元托付班主任给李丽洋过年零用。

"2011 年 8 月，组织上调任我担任长村乡中学校长，通过摸排和走访全校特殊家庭孩子的基本情况后，我买了点饼干、水果召集这些孩子召开了一个座谈会。有一个孩子我当时记得特别清楚，名叫李诗耀，孩子抹着眼泪告诉我们，从小到大，从没有人如此关心过他过得好不好，也从没有人如此用座谈会的形式关心自己……当时的我心疼极了，含着眼泪斩钉截铁地告诉他，从今以后，校长就是他们的亲人，学校就是他们的大家庭……"数度哽咽，一米七六个子的余恒真每每回忆起，总难释怀。

做教育，当身怀慈爱之心，让每一个孩子无后顾之忧地完成学业。这是余恒真深以为然的从业之道，更是他身体力行的从教之本。

余恒真是土生土长的农家子弟，宜章县关溪乡人，受父辈影响，选择回家乡做一名人民教师。当时的关溪乡有很多小煤窑，父母在小煤窑打工的家庭也比较多，由于经营不规范，煤窑事故频发，于是，就出现了很多要么父母双亡，要么父亲过世或者残疾，母亲改嫁的家庭，而这也就产生了许多孤儿。

"这些孩子是真苦啊！他们要么跟着年迈的爷爷奶奶，要么跟着亲戚过着寄人篱下的生活。"几年乡村中学的工作做下来，细心的余恒真发现了这个问题。

范寿海、范志强是他资助的第一批这类孩子。"他们是两兄弟，父亲病亡，母亲改嫁，跟着爷爷奶奶生活。范寿海的身体也不好，需要长期用药。"2003 年，当时的余恒真一个月的工资也就只有375 元，获知两兄弟状况后，他义无反顾地承担起了他们的学费。不仅如此，他还坚持每个月抽出时间和两兄弟一起吃饭谈心。"金钱上的帮助只能解决一时，我们是师者，更要帮助他们找到成长的方向，掌握改变自己命运的本领。"

这，才是教育的真谛！

李丽洋则是一名从学前班开始就受其资助的孩子。余恒真说："也算是缘分所在，我去这个孩子的村进行学生家访，看到已经 5 岁的她竟然没有去上学，询问之后才知道她的父亲患有骨癌，高位截瘫，母亲走了。我当时就跟村支两委表态，这个孩子以后的学习和生活费用由我来资助。"

从 2012 年 3 月开始，李丽洋一年年长大，由学前班到小学、初中，他任职的学校换了好几所，但对这位孩子的资助却从没有停止。"加上学费、生活费、零花钱，一年对李丽洋的资助费用少说也要 4000 多元，九年算下来，至少也要三万多元了。"李丽洋现任班主任说。其实，余恒真的家庭境况也不好。2011 年，他的父亲被检查出患有恶性脑胶质瘤，作为家中长子，他承担了最多的费用，而自己的小家庭又正好买了房，那一年，他欠下了七万元的债务。"和这些特殊的子弟比起来，我这点困难不值一提，家里的妻子也很支持我的做法，帮扶特殊子弟这事一定不能间断！"

就是这么朴素的想法，却支撑起了渡人的大爱。

从 2002 年开始，从关溪乡中学换到长村乡中学、浆水乡中学、宜章六中、宜章四中，再回到今天的宜章六中，余恒真从一名普通的语文老师、政治老师成长为高中学校的书记，大爱不仅没有缺席，更被铺陈开来：走上行政岗位的他致力在学校坚持推广开展"孤儿型孩子不花一分钱完成学业"帮扶活动，通过国家政策优先保证、生活费减免、设立勤工俭学岗位发放津贴的办法，让这些孩子学费、生活费无忧。并通过德育工作在全校营造关心帮助特殊家庭孩子的氛围。"无论是教职工大会、家长会，还是学生会，我们都会提倡师生关心关注这些特殊子弟，正所谓赠人玫瑰，手有余香。"余恒真说。

截至目前，通过这些帮扶活动，49 名孤儿型孩子得到资助。而受其影响，余恒真身边的同学、朋友和亲人也都纷纷加入了爱心帮扶团，资助学生八十多人次，援助资金达 26 万多元。

"把我们的爱心善意给予这些孩子，关心帮助这些特殊家庭孩子这条路，如同我的名字一样，认真且持之以恒地走下去。"余恒真说。

学而思进，坚持为学

——2013 年秋季学习随笔

作为教育人，近期的学习和培训，偶有小得，与诸君共勉。

一、学习模式篇：人类文明的"里程跨越"——文字—印刷—网络，导致实现学习"无处不课程、无处不教育、无处不学习"；知识的获取只需"点击"。教育人自身转变学习模式：变终身教育为终身学习，如今的生存方式即学习，学生不单是被动地接受知识，更重要的是学习的主体，引导学生参与课程教育，注重方法培养才能适应新的学习模式。

二、教育回归篇：教育的最终目的引导学生健康发展，构建孩子合适的学习方法，培养孩子合适的学习能力是我们的追求。"幼儿养性—蒙童养正—少年养志—青年养德—成年立业"是什么年龄演练什么年段的事：上善若水，大道至简；目标落地，有低有高。总之为有教无类，因材施教。

三、学校变革篇：学校的变革以教师的变革为基础，内因决定外因。我们做好"三回归"：责任回归、动力回归、为学回归。教师的质量和发展影响着学校的质量和发展，因此责任具体，岗位坚守，提升职责的所在是学校变革的关键。

四、坚守信念篇："默而识之，学而不厌，诲人不倦何有于我哉？"我们的职业清贫而繁琐，只要我们作为事业追求，它就变得高尚而伟大，让我们从现在开始，一步一步，为身边的孩子多做点、多学点；为我们的事业多坚守点。

家校携手，给孩子一个健康的成长方向和习惯

——宜章六中 2020 年家长会讲话稿

尊敬的各位家长朋友们、全体教职工、同学们：

冬天积淀着春的希望；冬天孕育着新的生机。今天，虽然有着冬天的气氛，但我们因为孩子结识在六中这片热土，一同探讨孩子成长的话题，整个校园都是温暖的。今天是二十四节气中的小雪，"瑞雪兆丰年"，开启我们今天的话题《家校携手，给孩子一个健康成长的方向和习惯》，现在从三个方面向各位家长汇报工作：

一、宜章六中的基本情况、办学方向简介

我们学校是一所全日制完全高级中学。学校创办于 1958 年 4 月，历经二十任校长，由一个乡镇初中发展为现今拥有 273 名教职工，3973 名在校学生，七十个教学班级的市级示范性学校。

历经六中人的辛勤耕耘，2001 年 6 月市人民政府批准学校为郴州市规范化高中。学校先后获评为"全国作文教学先进单位""全国零犯罪学校""湖南省现代教育技术实验学校""湖南省武术段位制试点学校""郴州市文明单位"、全市 11 所市级示范性高中等荣誉和成绩。

学校占地面积 168 亩，建筑面积 4.8 万平方米。配备高标准的图书室、计算机室、多媒体室、音乐室、舞蹈室、理化生实验室；正在建设高规格的田径场和篮球场，这一系列功能场馆的投入使用，必将进一步提升学校的办学品味。

学校现有在职教职员工 273 人，其中高级教师 79 人，中级教师 116 人；研究生学历 5 人，本科生学历 232 人；全校 70 个教学班，其中高中 60 个班，初中 10 个班，在校学生 3973 余人。创办 62 年来，学校已累计为社会培养优秀人才 9.3 万余人。今年我们六中高三本科录取 105 人，再创新高；高二学业水平测试一次性合格率 99.47%，位列前茅。

今天的六中人：不忘教育初心，牢记育人使命！以"励志、立德、博学、强身"为校训，用爱和责任培育孩子；实施封闭管理，推进素养教育；积极探索课程改革，广泛开展分层教育；逐步推进以爱国和传统文化为主题，以活动育人为载体，打造素养文化，坚持质量立校；朝着"管理规范、质量提升、师生发展"的方向，为孩子的健康成长引领方向和培养习惯！

二、家庭教育，应该是培养平凡之家的优秀和进步孩子

健康是一个人的唯一，其本质和内涵是思想、心理、身体健康的三者结合。

1. 让孩子成长为健康的人，比成为只会学习更重要，我们爱孩子但不能溺爱他。每一位父母都爱自己的孩子，都为了孩子好，希望孩子有好的发展、有一个光明灿烂的前景，至少孩子得要超过自己。但为什么孩子的发展方向会与原先的设计背道而驰？我要把孩子培养成为一个什么样的人？孩子呈现出什么样的状态是成功的？我们六中的学生都是学习基础相对薄弱的现状，但他们

渴望进步和优秀。因此，我们应该立足现状，让孩子们的身体更健康、习惯更良好、素养更优秀，进而在以后的人生路途中反超同路人。这样的出发点无疑是为人父母的一片拳拳之心，"为人父母，必为其计深远"。但问题是，当我们对孩子的要求只剩下学习，当我们还要求孩子在学习上做到"超常"，这时我们的孩子就可能变得"不正常"。

孩子的成长过程中有多方面的成长需要，他们要找寻人生的意义、知道自己活着的价值，他们有与人交往的需要，要在人生的多个方面证明自己"我能行"；他们首先是一个人而不是知识的容器、学习的机器，他们需要丰盈的生活，而不是"吃饭—学习—睡觉"这样简单生活的重复。而且孩子是存在个体差异的，当我们评价孩子的成功与失败只有"学习成绩"这个指标并且必须是班级甚至年级前多少名时，就让许许多多的孩子在还没有真正开始人生之前就把自己定义为"失败者"。

今天我们怎么做家长？在孩子0~18岁的阶段，我们要为孩子未来的幸福奠基，让他们热爱生活，觉得活着真好；让他们有人的情感，对亲人有感恩的心、对他人有恻隐之心；让他们有基本的生活感知能力、情绪调节能力，抗挫折能力……让孩子成为一个正常、健康的人，比单纯成为一个学习者重要很多。

2.让孩子于日常生活、交流中明白规则和做人的道理；让他学会劳动创造财富，吃苦才能磨炼意志。

家庭教育不同于学校教育，家庭教育发生在日常生活中，发生在家长每天与孩子的互动中。一个不容忽视的事实是，由于各种原因，一些家庭不能让孩子感受到正常的家庭生活，如留守儿童、流动儿童，一些离异家庭的孩子，或爸爸妈妈工作太忙无暇顾及的孩子。同时，现实生活中，即使许多家长和孩子每天生活在一起，但如果没有良好的亲子互动，同样达不到满足孩子成长需要的目的。价值观的传承、代际的传递都是在家庭日常生活中一点一滴、不带任何目的性的互动中完成的。孩子在有温度的日常生活中、在抚养人的絮叨和叮咛中、在家人精心准备的一粥一饭中感受亲情，体味情感的意义和价值，理解现在与家人、将来与其他人建立起稳固联结的意义。孩子需要在大量日常非目的性的交流中了解规则和做人的起码道理。

3.让孩子作为独立个体去教育、欣赏、尊重对其发展更有益，引导他们学会独立成长、责任担当，多一份言传身教，多一份陪伴。

孩子从出生的第一天起就是一个独立的个体，将孩子作为独立的个体去教育、去欣赏和尊重，这对孩子的发展非常重要。众多心理学研究发现，在不允许孩子表达自己想法的"专制"型教养方式下长大的孩子，往往缺乏沟通技巧，在人际交往中比较被动，容易盲从于权威，不太自信，幸福感也较低。

家长在与孩子的互动中，首先要尊重孩子，跟孩子说话时要认真听孩子把话说完，不随意打断孩子，对孩子的话认真回应；当孩子与自己的观点不一致时，要允许孩子表达，允许孩子争辩；当孩子做错事时，要听孩子解释并向孩子说明理由，引导孩子主动承认错误，不含糊其词或者找借口搪塞。只有将孩子视为独立的生命个体，孩子才能独立思考自己生命的意义，才能尊重生命，才能在一路的阳光风雨中长成参天大树。

三、家校携手，为孩子成功的人生引领健康的方向和培养良好的习惯，做到严管与厚爱同在，帮助孩子们立志成才。

每一个孩子都是家庭的希望，也是国家、民族的未来。培养"爱祖国、爱劳动、爱学习"的孩子，做到"严中有爱、宽中有戒"地培养他们；让孩子们"学会求知、学会生活、学会做人"；

让孩子学会吃苦，明白"能吃苦，苦一阵子；怕吃苦，苦一辈子"的道理；让孩子们安静的、有力量的像树一样的成长，早日成为国之栋梁。

今日扬帆已起航，彼岸硕果正丰收！各位家长朋友们：为党育人、为国育才；为家庭培育明天和希望，得天下英才而教之，是我们全体六中人的最大追求和使命！此致，祝福全体家长朋友们：平安如意、家庭幸福、事业有成；祝福宜章六中：师生平安、人才辈出、再创新高！

宜章六中 2021 年元旦致辞

尊敬的全体教职工、各位来宾，亲爱的同学们：

今天我们在此欢聚一堂，为的是告别 2020，迎接 2021。即将过去的一年，我们高考成绩斐然，2020 届高三本科上线 136 人，本科录取 105 人；我们高二学考一次性合格率 99.47%，全市市重点高中排名第一；即将过去的一年，我们项目建设推进有序，新建的综合性教学楼顺利投入使用；第二期改扩建运动场、人行天桥已完成总工程量 70%；第三期改扩建项目正在规划设计中；即将过去的一年，我们县级平安学校创建成功，各类活动、各类竞赛精彩纷呈，成果斐然……回首 2020 年，我们六中全体师生：同心同向、凝心聚力，再一次谱写了六中发展史上的新篇章。

师道至尊，学风至上！展望 2021 年，机遇与挑战并存，荣耀与拼搏同在。

我们今天的六中拥有在职教职员工 273 人，其中高级教师 79

人，中级教师116人；研究生学历5人，本科生学历232人；全校70个教学班，其中高中60个班，初中10个班，在校学生3973人。

我们今天的六中人：不忘教育初心，牢记育人使命！以"励志、立德、博学、强身"为校训，用爱和责任培育孩子；实施封闭管理，推进素养教育；积极探索课程改革，广泛开展分层教育；逐步推进以爱国和传统文化为主题，以活动育人为载体，打造素养文化，坚持质量立校；朝着"管理规范、质量提升、师生发展"的方向，为孩子的健康成长引领方向和培养习惯！

今日扬帆已起航，彼岸硕果更丰收！亲爱的老师们、同学们，此时此刻，我们欢聚于此，让我们载歌载舞，尽情欢乐，共同迎接美好的2021！衷心的祝福我们师生同成长；祝福我们六中更美好；祝福我们祖国更强大！

做一个共同成长的宜章六中人

——庆祝第36个教师节

尊敬的肖晋局长、尊敬的雷昶书记、尊敬的宜章六中全体教职工，亲爱的同学们：

2020年的9月8日，"全国抗击疫情表彰大会"在北京隆重召开。一位84岁的老人，钟南山教授获得"共和国勋章"；张伯礼、张定宇、陈薇获得"人民英雄"称号，颁发"国家荣誉"勋章。今天，2020年的9月10日，"宜章六中庆祝第36个教师节大会"在我们学校隆重召开。

师道至尊、学风至上。我们高考成绩斐然，2020届高三本科上线 136 人，本二录取已经达到 71 人；专科上线率 98.8%；我们项目建设推进有序，新建的综合性教学楼已经顺利投入使用；第二期改扩建运动场、人行天桥紧张施工；第三期改扩建项目正在规划设计之中；我们现有初中孩子 441 人，高中子弟 3532 人，总学生数 3973 人；全校教职工 273 人。

正是这种师生缘，同事缘，同学缘，让大家相聚一起！教师是天底下最崇高的职业，是立教之本、兴教之源，承担着传授科学知识、传播人文精神、传承人类文明的光荣使命。借此机会，寄语八个字给全体教工作为希望，与大家共勉：

一要立德。师德是教师最重要的素质，教师作为学生健康成长的指导者、科学知识的传播者和良好社会风气的引领者，其师表风范和人格修养会影响到学生的一生。教师不仅要学高，更要德高。希望大家坚持以德立已、以身立教，既美其德，又慎其行，用崇高追求、高尚品德和人格力量潜移默化地影响学生，真正做到为人师表、行为示范、甘当人梯、无私奉献，在教书育人的伟大事业中大有作为。

二要好学。教师是知识的传播者、智力的开发者，理应成为学习的表率。希望大家业务上当强将，教学上创一流，把勤学善思、严谨治学作为自觉追求，不断学习新知识、掌握新技能、拓宽新视野，争当学识立业、品德立身的先锋，争当积极进取、勇于创新的先锋，使自身的理想信念、思想觉悟、知识结构和能力水平始终能跟上时代发展的步伐，带动和培养出更多具有创新能力的高素质人才。

三要博爱。爱是教育的全部真谛，教师对学生的爱，不同于父母对子女的爱，这种爱体现了对人类的爱，对未来的爱，是不求回报的无私的爱。希望大家都能以爱作舟，以心为桨，像对待自己的孩子一样，对学生充满爱心、无微不至、循循善诱，把满腔的爱撒播给每一个学生，努力成为学生爱戴的老师、群众满意的园丁、社会称颂的楷模。

四要有责。没有责任心，就没有成功的教育，教师的肩上承载着一个孩子的前途和希望，不仅要肩负起传授知识的责任，更重要的是要教会学生做人。教师的责任心、工作水平，直接影响到学生的进步和成长。希望大家能以今天受表彰的先进单位和个人为榜样，充分认识到自己肩负的重大使命和历史责任，以对学生高度负责的精神，将爱心与责任彰显于教育教学的每个细节，融入日常工作的点点滴滴，以新时代教师特有的人格魅力、学识魅力和卓有成效的工作赢得家长和学生的尊重。

至此，感谢大家一路的辛勤付出，祝福大家：身体安康、家庭幸福；节日快乐、事业辉煌！

同学们：值此讲话，也给大家提出三点要求：

1. 学习钟南山爷爷热爱自己的祖国和人民的精神，永远铭记只有祖国和民族强大自己才能安心学习、健康成长，长大以后立志成才、立志服务于国家和民族；

2. 严于律己，学会约束自己；严格管控好自己的生活、学习、锻炼习惯；习惯好，才能一生好；

3. 体谅父母、尊敬师长、远离手机；我们爱自己的父母，更要学会转换角度去思考，去体谅父母的不容易，更多的学会去关心他们；学会尊重，古人云"敬人者，人恒敬之"只有尊重他人的人，人们才会永远尊重他——所以我们不但要尊重父母、长辈、老师，还要尊重同学和身边的人。

手机如鸦片，大家知道，鸦片是毒品毒害人的身体；手机比鸦片更厉害，不但毒害身体、还毒害大家的思想和心灵，荒废大家的学业和前程，希望大家学会用毅力去克服它，真正做到远离手机、静心为学。今天大家以六中为荣，明天母校以大家为傲。同样祝福我们六中的孩子们：学习进步、健康有为；青春美好、拼搏前行。今日扬帆已启航，彼岸硕果正丰收！愿我们师生同成长；愿我们六中更美好；愿我们祖国更强大！

成就我们的人生梦想

——宜章六中 2023 届高三百日誓师致辞

尊敬的老师们，亲爱的同学们：

《创业史》的作者柳青说："人生的路虽然漫长，但要紧处往往只有几步，特别是在人年轻的时候。这几步迈得如何，将影响你的一生。"今天，我们举办百日誓师仪式，就是为高三学子们关键的高考这一步摇旗呐喊、擂鼓壮行！

有志者事竟成，破釜沉舟，百二秦关终属楚，用心人天不负，卧薪尝胆，三千越甲可吞吴。唯愿我们的全体考生：满怀信心，迎接高考！把握当下，全力冲刺！冷静睿智，直面挑战！

同学们：沉着冷静，方能思路敏捷、应付自如；细心谨慎，防止笔误与试题漏做，方能得分加分；先易后难，方能心中有数、逐步推进；把握时间、联想推导，方能让你力克群雄、永夺高分。

同学们：十年寒窗明朝挥笔泼墨决胜高考战场，一生勤奋来日奋发有为定能精彩人生！祝福大家：高考大捷、再攀新高！祝福大家：一生有为、平安通达！

做一个"用奋斗创造奇迹"的宜章六中人

——2023年春季开学致辞

各位教工、同学们：

一年之计在于春，一生之计在于拼。今天是今年立春后的第六天，正是春天的日子，更是勃发的时光。

我们回顾2022年的喜乐：全年师生平安，教育部再次授予我们学校为"全国书画等级考试特色示范学校、书画等级考试指定考点"；2022年5月被市文明办评为"市级文明校园"。2022届初三187人参考，宜章一中录取22人，800分以上10人，高中学段录取178人；2022年度高一学考一次性合格率为99.43%；高二学考一次性合格率为97.86%；高三本科上线125人，物理类最高分的邓昊洋同学已被中南大学录取、王允之已被北京交通大学录取；专科上线率为100%。

成绩代表过去，但能够印证"奋斗创造奇迹的道理"。

同学们：站在千年一遇的春天里，应该立志成长为全面发展、奋发有为的人，就让我们秉承三个坚持：

第一、能够坚持健康生活、学会学习，"合理膳食、努力学习、适度锻炼"方能健康成长，习惯好方能一生好；第二、能够坚持尊重他人、学会孝顺，古人云"敬人者，人恒敬之"只有尊重他人的人，人们才会永远尊重他——所以我们不但要尊重父母、长辈、老师，还要尊重同学和身边的人；第三、能够坚持不负韶华、奋力拼搏，中学生时代正是青春的美好时光，只有奋斗的青春才是无悔的青春!

老师们、同学们:风正潮平,自当扬帆踏浪;春光美好,更需策马扬鞭!就让我们乘着兔年精神,用坚韧不屈的拼搏,用坚持团结的力量—朝着"励志立德博学强身"阔步前行、再创新高!

用素养改变习惯,用努力创造成功

——宜章六中 2022 年秋季开学致辞

各位教职工,亲爱的同学们:

金秋时节,万物丰收。今天是新学年的第五天,正是美好的日子,正是勃发的时光。《教育的力量》一文中,旁征博引,阐明了这样一个朴实道理:教育孩子是我们所有事业中最重要的事业,孩子成长的素养是最伟大的追求。

我们宜章六中承蒙县委、县政府,各级主管部门与社会各界的关心、厚爱,始终坚持"五育并举为党育人,分层施教为国育才"的办学宗旨,管理与质量同步提升、项目与育人共同进步。我们本届高考本科上线 125 人;物理类邓昊洋已被中南大学录取,王允之已被北京交通大学录取;专科上线 100%。本届初三 182 人参考,宜章一中录取 22 人,800 分以上 10 人,高中学段录取 178 人,再创新高。本学年,我们现有教职工 298 人,学生 4952 人,其中贫困子弟 560 人、特殊家庭子弟 52 人,总计 86 个班级。三年来,我们项目建设总投入建设资金 6980 万元,涵盖 15 个项目,已拨付到位 5020 万元,校园环境进一步优化,配套设施进一步完善。

今天,站在新学年的起跑线,我们一同探讨素养与习惯的话题。用《教育学》《心理学》解读素养是指一个人的修养，包括道德品质、外表形象、知识水平与能力方面；亦可扩展为思想政治素养、文化素养、业务素养、身心素养各个方面。

同学们：立志成长为全面发展的人，学生时代素养的核心体现在四个方面：第一、坚持热爱祖国、忠诚于党，我们深知今天的中国由"站起来、富起来、强起来"紧紧依靠党的领导；第二、坚持健康生活、学会学习，"合理膳食、努力学习、适度锻炼"方能健康成长，习惯好方能一生好；第三、坚持尊重他人、学会孝顺，古人云"敬人者，人恒敬之"只有尊重他人的人，人们才会永远尊重他——所以我们不但要尊重父母、长辈、老师，还要尊重同学和身边的人；第四、坚持不负青春、奋力拼搏，中学生时代正是积极向上的美好年华，做一个用素养改变习惯，用努力创造成功的宜章六中人，就从今天开始：改变习惯、严于律己、奋力拼搏！

丹桂飘香随风至，万里长空正飞翔！老师们、同学们：就让我们用敢为人先、锐意进取、持之以恒的"三虎精神"，朝着"励志、立德、博学、强身"阔步前行、再创新高！

思想与行为同步，习惯与素养同步

——宜章六中 2021 年秋季开学致辞

各位教职工，亲爱的同学们：

金秋时节，万物丰收。今天是辛丑牛年的七月二十八，正是美好的日子，正是收获的时光。《教育的力量》一文中，旁征博引，阐明了这样一个朴实道理：教育孩子是我们所有事业中最重要的事业，培养孩子良好的素养是最伟大的追求。

素养体现于日常生活之中。这三年多，我们学校家属区住着一位 50 多岁的阿姨，瘦瘦的个子，衣着简朴但非常整洁，每天带着两位小学生，是她的孙子与孙女，出入家属区，每逢碰见院子里的人都非常热情的称呼"老师好、你好"，每次遇见她后，我总想把这个经历告诉我们的同学，文明礼貌待人的人是有素养的人；大家应该熟悉的另一位老人，他每天的早上 7 点 ~8 点左右待在学校的垃圾池，不辞劳苦的捡拾可以回收的物品，并认真的清扫大家倒在旁边的各类垃圾入池，而且学校没有给他发放一分钱报酬，这位不畏辛劳、勤俭持家的老人也是有素养的人。

素养体现于爱国爱民之中。2 月 17 日，《感动中国 2020 年度人物颁奖盛典》播出，我们共同见证温暖、致敬向上的力量！张定宇、陈陆、张桂梅……他们的事迹令无数观众感动落泪。他们或在危难中逆行、或在逆境中坚守、或在各自岗位中恪尽职守。伟大出自平凡，用担当和勇气感动中国。大家清楚，这是一群有素养的人；2 月 20 日高三、高二各班组织观看的"喀喇昆仑那场英勇战斗"，视频中中印边界线里用生命捍卫国土的英勇军人，更是有素养的人。

素养体现于学生时代之中。用《教育学》《心理学》解读素养是指一个人的修养，包括道德品质、外表形象、知识水平与能力方面；亦可扩展为思想政治素养、文化素养、业务素养、身心素养各个方面。

同学们：立志成长为全面发展的人，学生时代素养的核心体现在四个方面：第一、坚持热爱祖国、忠诚于党，我们深知今天的中国由"站起来、富起来、强起来"紧紧依靠党的领导；第

二、坚持健康生活、学会学习，"合理膳食、努力学习、适度锻炼"方能健康成长，习惯好方能一生好；第三、坚持尊重他人、学会孝顺，古人云"敬人者，人恒敬之"只有尊重他人的人，人们才会永远尊重他——所以我们不但要尊重父母、长辈、老师，还要尊重同学和身边的人；第四、坚持不负青春、奋力拼搏，中学生时代正是积极向上的美好年华，做一个思想与行为同步、习惯与素养同步的宜章六中人，就从今天开始：严于律己、奋力拼搏！

老师们、同学们：风正潮平，自当扬帆踏浪；秋光美好，更需策马扬鞭！就让我们用忠诚、勤奋和坚毅的牛年智慧，奋力发扬"三牛精神"，朝着"励志、立德、博学、强身"阔步前行、再创新高！

县教育系统"学位"突出问题专项整治工作动员部署会

各位领导、各位书记、校长、同志们：

按照会议安排，现就宜章六中学校基本情况、"学位"管理的相关做法向大家汇报，敬请批评指导。

一、学校基本情况：

宜章六中创办于 1958 年 4 月。承蒙政府、县委和上级主管部门的关心与厚爱，历经 19 任校长，16 任书记的励精图治，几度更名、搬迁，由一个乡镇初级中学，发展为现今拥有教职工291 名，82 个教学班，学生 4578 名的市级示范性高中学校。

学校现任班子用新时代教育理念核心思想为指引，以"为党育人，为国育才"为办学宗旨，出台"十四五"办学规划，全力探索"素养与分层教育同步，文化与专业发展并重"的办学路径，办人民满意的教育。全年度深入推进"党组织领导下的校长负责制"，通过党建引领与业务的深度融合，取得一定的进步与成绩。本学年度师生平安，党支部于 2021 年 6 月被宜章县委评定为"先进基层党组织"；学校 2020 年评为"县级平安学校"；2021 年被市教育局授予"国家考试平安考点"、教育部授予全国书画特色示范学校、书画等级考试指定考点；2021 年高二学考一次性合格率为 99.47%；高三 485 名考生参加高考，本科上线 150 人，上线率为 30.92%，专科上线率为 100%，均创历史新高。

二、"学位"管理的相关做法：

1. 执行文件，严把招生"学位"入口关

高中部招生，严格按照"郴州市教育局招生文件精神"、坚持志愿优先、分数划线的原则操作，并通过各类自媒体平台及时公布招生方案、招生流程、招生信息，坚决执行好录取计划与学籍建档一致的原则，没有一个超计划录取、没有一个补录学生。

初中部招生，严格执行教育局划片就近入学的政策，按照文件规定不招收区域外的学生、不招收没有达到入学资格的学生；招生过程自觉接受上级主管部门和社会各界监督。

2. 保持定力，推进"学位"管理规范化

"学位"问题是群众关注的焦点，也是检验学校是否坚持"阳光招生"的难点。对此，我们出台了《宜章六中转学与学籍管理办法》，按照各级主管部门的文件要求，严格管理转入就读与学籍建档事宜；同时加强班级、年级与教务处的核查工作，保证班级现有学生与学籍系统学生相一致；确保学籍与"学位"的规范管理，促进教育的公平性。

3. 党建引领，强化"学位"整治出长效

按照专项整治的相关要求，组织全体教职工聆听"师德讲座、枣园讲堂"，进一步深化师德师风主题教育。并把专项整治与"双减"工作联系起来，结合学校实际，纳入"意识形态分析研判探讨"，要求全体校委成员以身作则、举一反三抓整改。强化纪检监督、建章立制、长期推进、确保长效。

宜章六中 2022 届高一军训致辞

各位领导、各位教官、老师们、同学们：

今天我们隆重集会，举行宜章六中 2022 届高一新生军训动员大会，为的是开设好、实施好高中入学的第一课——军训课程，为的是全体同学能够学习军人作风、强化体能训练、磨炼自身意志、成就美好人生！现借此机会，提出三点要求，与全体参训同学共勉：

1. 端正态度、积极参训：军训课程对于人生的成长、发展有着至关重要的作用，希望大家从思想、行为中积极面对，发扬不怕苦、不怕累的精神认真参训；2. 服从命令、听从指挥：军人以服从命令为天职，学生时代的军训这一条同样重要，希望大家按照教官的要求做到同步同行、刻苦训练；3. 安全为上、平安有成：为期 7 天的军训课程，请全体参训同学务必保持高昂的斗志和向上的力量，同时也请大家注重身体状况、量力而行，确保健康平安。

军训总结致辞

各位领导、各位教官、老师们、高一的孩子们：

军训是一个成长的阶梯，军训是一段难忘的历练，军训是青春与力量的博弈，军训更是思想与行为的拼搏！火热的青春、激情的军训即将结束，在此，让我们以热烈的掌声感谢人武部领导的关心厚爱，感谢全体教官的刻苦带训！

同学们，为期7天的军训课程你们展现出不畏酷热、克服胆怯、刻苦训练、吃苦向上的军人作风；你们与教官一道按时出操、挑战自我、奋勇向前、磨炼意志的青春风采！现在，我们以此为起点，提出三点希望一同共勉：

1. 用军人的忠诚爱我们的祖国，永远忠于祖国、忠于民族！

2. 用军人的作风保持学习的定力，静心为学方能成就自我！

3. 用军人的标准严于律己，做一个学会尊重、习惯优秀、遵守规则的好学生！

宝剑锋从磨砺出，梅花香自苦寒来！祝福全体同学三年高中生涯：平安通达、学业有成、勇创佳绩！